時と所を
超えた
石器たち

石ころの
鍛冶屋さん

Ishikoro-no-Kajiyasan
TASHIRO Akio

◆

田代昭夫

文芸社

はじめに ──────────────

　私は、栃木県北部の町で生まれ育った。中学時代のある日、教室にクラスメートが数十点の美しい石鏃を持ち込んだ。それが縁で、私は過去の人類の道具である「石器」に憧れ、興味を持つようになった。

　その後30年を経た頃。移り住んだ横浜の住まい近くで、開発に伴う縄文時代遺跡の事前調査が行われた。そこで拾った石器を調べて驚いた。忘れかけていた石器への思いが、再び呼び起こされたのである。

「石器の作り方」を調べたことが引き金となった。石器は一般的に石材を使いやすい形に割り、用途に合わせ道具として作られる。だがその拾った石器は、硬い石材に熱を加え、ガラス細工のように作られていたのである。このような作り方はほかに例がなく、聞いたこともなかった。

　この一件で、私は知られざる過去の人類の英知に驚いた。そして俄然、石器に興味を感じるようになったのだ。私の「人類の道具研究」の始まりだった。

　本書はなんら専門知識を持たない者による、40年間にわたる研究活動の記録である。

　現在、私は石器など過去の人々が使った道具の研究を行っている。それはまさに、頭脳のタイムマシンによる過去の世界への冒険とロマンの追求である。

3

研究は35年前のある出来事で始まったが、以来、自分なりの研究を続けてきた。おそらく、世に出ている関係文献では、満足できなかったからであろう。

　人間やればできるもので、実はその間、大きな発見があった。私は横浜西南部に広がる数十万年前の多摩下部層から、人が作った道具などを発見したのである。大型ワニの歯、石器、土製品など、発見物はいずれも本物だった。

　このような発見を、私も含めて予測できたものが、ほかにいただろうか？　資料館などで見られる石器は、黒曜石などで作られたナイフ形石器や槍先形尖頭器など、狩猟道具が中心である。しかしその地層で発見したものは、いずれも関係知識を持たないと、河原の石にしか見えないものだ。それは日常、食べ物を作るために使われていた生活用具だった。

　発見物が本物の道具と分かったのは、意外にも、私の鉄工所での熱加工の経験が活きたからだ。それに縄文土器の作り方や再利用された土器片に残る人の爪痕の研究からだった。

　人がかかわった石器などには、作った時や使った時の人為的な痕跡が残されている。複雑なものは、現時点では私の研究の対象外ではある。でも意図的、または生活のリズムで生まれた痕跡は、発生例や発見例が多いので、信頼できる情報が得られるのだ。

　このような尺度で、私は約30年間、氷河時代に生きた過去の人々が残した石器などの道具類を発見、研究してきた。その数、実に数万点である。

本書の作成にあたっては、専門知識を持たない一般読者の方々のために、出来得る限り分かりやすく表現するよう心掛けたつもりである。

石ころの鍛冶屋さん

目　次

プロローグ

ブーメラン石器BF4071の発見

表紙と下の写真は一つの石器である。

私はこの石器を台帳番号の愛称で呼んでいる。

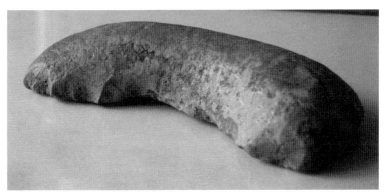

写真1

　1994年、横浜市の西南部に広がる丘陵の造成現場で見つけたものだ。

　その地域は、相模湾に流れ込む柏尾川の源流になっている丘陵地帯である。でも遥か遠い昔は、箱根の火山灰が海に溜まった堆積物だった。それが、その後の隆起活動によって、

現在の姿になった。

　もともと海だったので、開発などでそれらの丘陵の斜面を崩すと、海抜50ｍ付近から、今でも保存状態の良い貝化石が発見される。実に興味ある場所だ。また化石が見つかる地層付近では、先人たちによって使われていた石器などの生活道具が、時々姿を覗かせていた。

　石器を発見した当時、私は休日になると、バイクにまたがり現地を訪れた。そして工事で削り取られた古い地層の斜面から、石器を拾い上げていた。冒頭の石器も現地を訪れた際、斜面から拾い上げたものだ。

　この石器はかなり古い地層からの発見物だったが、私はなにより「形」に注目した。それは、まるでブーメランみたいだったからだ。

　ブーメランと言えば、オーストラリアの先住民が使っていた道具として、一般的に知られている。それらは、アカシアなどの木で作られたものだ。しかし、私が発見したものは、重い石で作られていた。いかに当時の先人たちが、我々現代人よりも腕力に優れていたとしても……だ。重い石で作られたブーメランのような石器を、実際に回転させて、飛ばすことができただろうか？　考えにくいことだと思った。

　それでは、その石器の使い道がほかにあったはずだ。そう考えると、ますます興味が湧いてきた。

　もっと詳しく調べようと思い、その石器を手に取ってみた。見かけよりもずっと重く、曲がった棒を縦半分に割ったような、不思議な形だった。その石器の材料だった石ころも、

元々そのような形だったのだろうか？　それとも、人によって作られ、そのような形になったのか？

　割ったような胴部の両側や両先端を調べてみる。すると、あたかも粘土の表面に、太めの箸先を押し付けたような窪みが連続して並んでいる。それ以外の部分は、磨いたように滑らかだった。

　硬そうなので、試しに指先で弾いてみると、澄んだ音が聞こえてきた。やはり硬そうだ。外見を見る限り、まるで鍛冶屋が真っ赤に焼いた鉄の塊を、槌でたたいて作ったみたいだった。

　本物の飛ばすブーメランは、狩りや戦闘に用いられる。飛び道具の一種で、オーストラリアに限らず、エジプトなど世界の各地域で使われていたものだ。横断面が翼のような流線型で、目標物に投げつけると手元に戻ってくるタイプと、戻ってこないタイプがあるそうだ。BF4071は横断面が流線型なので、もし飛ばすことができれば、きっと戻ってくるタイプなのだろう。

　ブーメランの起源はいつ頃なのか見当がつかないが、相当古いのではないだろうか？　類人猿のチンパンジーは、道具を使う生き物として広く知られている。ほかの群れとの争いで、棒切れや石ころを相手に投げつける光景を、テレビの映像などで見る機会があった。やはりブーメランの始まりは、原始的で単純な道具だったのかもしれない。

　身の回りにある棒切れは、真っ直ぐなものばかりとは限らない。むしろ、ブーメランのように曲がったもののほうが多

いくらいだ。試しに、曲がった棒切れを回転させて投げてみると、曲がった棒切れのほうが空気の抵抗が少なく、より回転が掛かって、安定して真っ直ぐに飛ぶことが分かった。一方、飛び道具の代表的な存在の、先端が尖った投げ槍などは、むしろ回転を防ぐため、長めの真っ直ぐな棒が使われていたのだった。

　ブーメラン石器BF4071の発見は、私が以前から、造成が行われていた古い地層から石器が発見されるのを知っていたことが大きかった。また、ブーメランの知識があったことも功を奏したと思われる。

　もしいずれかが欠けていたならば、その石器は誰にも知られぬまま、再びほかの石器とともに、重機によって地中に埋め戻されていただろう。

時が支配する世界

◆ 流れる時間

　チクタク、チクタク…………

　今日も絶え間なく、我が家の壁時計が時を刻み続けている。買ってから間もなく50年が経つ。その間、家族のメンバーもペットも変わり続けてきた。しかし壁時計だけは変わらず、時を刻みながら、ずうっとその様子を見守ってきた。時の流れとは不思議なものだ。ふと、そう考える時がある。

　ある日の夕食時、テーブルの上のキンギョソウの花瓶に水滴が付いていたので、なにげなく触れてみた。ヒヤリと冷た

い感覚が、指先に伝わってきた。再び、同じように花瓶に触れてみた。すると前と同じだった。その間、数秒だったが、時間は確実に流れていた。自分の感覚では一連の出来事と思っていたが、前に触れた時は過去だった。現在と過去との線引きは難しい。

　私には、美しく印象的な星空の思い出がある。それは高校生の時、故郷で見たものだ。北の山々から空っ風が吹き下ろす。それは、ある晴れた夜のことだった。

　庭先に出ると月影がないのに、あたりが薄明るかった。不思議に思い夜空を見上げると、大小の星々が隙間のないほど空一面に輝き、光を放っていた。大きく見える星は、手を伸ばせば届くのではないかと思えるほど、近くに、そして美しく輝いていた。

　その頃は今より視力が良かったので、肉眼でも冬空の代表的な星座であるオリオン座の三ツ星や星雲を鮮明に見ることができた。しかし今は、再びその場所に行っても夜空が明るく変わって、その当時の美しかった思い出の星々はもう見ることができないだろう。

　今日もまた目を閉じて、当時、見た美しい星々を思い浮かべている。前回の東京オリンピックの時に作ったギターで、覚えたばかりのエストレリータの曲を楽しんでいる。

　宇宙は今もなお、猛烈なスピードで膨張し続けているらしい。遠い球状星団までの距離は、光の速さで進んでも100億年以上もかかるという。我々が今、目にしている星の姿は、その当時の光らしい。

高校生の時、肉眼で見ていた星々一つ一つは、その距離も
違えば、光を放った時も違っていたわけだ。見えていた星々
の多くは数万光年だろうが、それらは思っていたよりずうっ
と、昔の星の姿だった。

　時間は現在から過去にすぎさるが、星の光のように、まる
で過去の世界から現在に戻ってくるみたいな現象もあるのだ。
時の流れとは、考えれば考えるほど不思議に思えるのだった。

◆ 地中に閉じ込められた過去

　都会に住んでいると、道路も家も、アスファルトや人工石
で舗装されているところが増えてきた。そのようなところに
住んでいると、土の上で生活をしている実感がわかない。慣
れ親しんできた地面も、今は過去のものになりつつある。

　表面近くにある土は、場所によっても異なるが、約１万年
前頃から堆積が始まり、土壌化が進んだ黒色土である。縄文
時代の生活文化は１万年以上も続いたが、その黒土の下部に
は土器など、当時の人たちが使い残したものが埋まっている
ことがある。そして、その黒土の下にある赤い色の土からも、
さらに古い時代の縄文土器などが見つかることがあるのだ。

　赤土の中にある土器は、上にある黒土の中の土器よりも、
さらに前に作られたものだ。より深いところの地中に埋もれ
ていたため、風化があまり進まず、埋もれた当時の状態が保
たれていることが多い。地下深くに埋もれていたため空気が
届かず、酸化が進まなかったからだろうか？

　反対に、地表面近くに埋もれていた黒土の土器は、作られ

たのは後だが、空気に触れる機会が多かったため、風化の進み具合が早い。畑を耕すと、時々、浅いところにある黒土から土器や石器が姿を現すことがある。それらは深くにある赤土の中の土器よりも、明らかに風化が進んだ状態で見つかる場合が多い。深いところにある土は、埋もれたものを風化から守る、タイムカプセルのような役割もしているのだった。

　このように土に覆われると、埋もれたものは保存されやすくなる。ただ、埋もれると言っても、砂や粘土、または酸性の土やアルカリ性の土など、土の性質や、その土がどのような状況で覆われたかなど、埋もれた状態によっても、ものの保存状態に違いが生まれる。

　例えば、雪が積もるように火山から火山灰や軽石などの噴出物が降り注いで覆われた場合。また、高い山から土砂が川沿いや下流の低いところに流れ込んで堆積し、覆われた場合などだ。

　火山灰に覆われた例では、イタリアのポンペイ遺跡が有名だ。ヴェスヴィオ火山の噴火で、古代ローマ時代の町全体が火山灰などの噴出物で覆われ、その後、16世紀になってから発見されたものだ。建物も芸術的に描かれた壁画やモザイク床も、また生活用品も、1500年もの間、酸性の強い火山噴出物に埋もれていたにもかかわらず、良好な状態で保たれていた。

　50年前、職場が日本橋の近くにあった頃、デパートでポンペイ遺跡展が催されていた。その遺跡には前々から興味があったので、勤めが終わってから帰宅の途中に覗いてみた。

会場に入ると真っ先に、苦しそうに丸くなった一頭の犬と、横たわる大男の石膏像が目に留まった。説明文によると、それらの石膏像は遺跡を発掘していた時、地中から空洞が見つかり、そこへ石膏を流し込んで再現された、当時の犠牲者の姿だった。

　偶然にも発見され、復元された横たわる大男は剣闘士だった。その剣闘士は降り注ぐ火山灰に埋もれながら、苦しそうな表情を浮かべて、息をつくために半身になって、今にも起き上がろうとしている様子だった。

　当時、そこでなにが起きていたのか？　石膏像には、それが今、目の前に伝わってくるような臨場感があった。それは2000年前の一昼夜の出来事だったが、石膏像を見た限り、それほど遠い昔とは思えなかった。地中の謎めいた空洞に、石膏を流し込んだ研究者の発想に感心した。また同時に、覆っていた火山灰の保存能力にも驚きを感じた。

　その会場には、ほかにもさまざまな興味深い展示物があった。剣闘士が闘技場で使っていた短い剣や柄を差し込むだけのシンプルな作りの槍。そして、飯炊き釜をひっくり返したような、鍔（つば）の付いた頭部を保護する防具などだ。前々から剣闘士の生き方には共感を覚え、関心があった私だ。地中から出てきた生々しい関係品を目の前にすると、自分がその当時にタイムスリップしたかのような感覚に陥り、高揚しながら会場を後にした。

　流されてきた土砂などで埋もれた例としては、近年、日本ジオパークに指定された、立山の土砂流出による富山平野の

被害などがある。それは標高2500mクラスの立山連峰から、土砂が一気に流れ込んだものだった。

　富山平野は、江戸時代から立山の脆くなった山そのものが崩れ落ちる「山体崩壊」によって、土砂被害が繰り返されてきた場所だ。土砂は、常願寺川を流れ下る。そして、近代になって土石流被害の対策として、国によって砂防ダムの研究と建設が進められてきた。

　10年前の夏、「国立科学博物館友の会」の仲間と、その地を訪れた時だった。砂防ダム博物館では、被害が起きる仕組みと、山崩れを防ぐ対策などが展示されていた。また、次に訪れた富山湾に近い博物館では、上流から流れてきた土砂によって埋もれていた杉の大木の根元や、その近くに埋もれていた縄文時代の土器片が展示されていた。

　ほかの場所でも発見はあったのかもしれないが、展示されていた土器片は数が少なく、数点程度だった。そこは海に近く、川の畔でもあり、人が住み着きやすい地域だったと考えられる。だからもっと発見されていても良いのだが、意外と発見された品々が少なかった。立山からの度重なる土石流で、流されてしまったのだろうか？　関東平野などの流れが緩やかな河口付近では、過去に埋もれたものは、流されずに残っている場合があるからだ。

　このように、土器や石器などが土に埋もれ、後世にまで残るためには、恵まれた地理的条件が必要なのだ。

◆ 保存された道具類

　過去の人々が生活で使っていた各種の道具は、それぞれ異なった環境の下に埋もれている。発掘されたそれらには、当時の生活行動を知る手がかりが残されている。

　発掘によって発見された生活道具は、使い道がそれぞれ異なっていたと考えられ、その形や素材がまちまちである。特に多く出てくるものは、硬くて風化されずに残りやすい石器などだ。その次に多いのは、例えば縄文時代の土器のように、土を固めて焼いた、比較的風化が進みにくい土製品などである。

　そしてまれにではあるが、地下水などに浸かって、長い間、濡れた状態だった地層に埋もれていた、貝類や木の枝などで作られたものもある。それらは空気との接触が少なかったため、微生物による分解から守られ、ほとんど埋もれた当時の状態で発掘されることがあるのだ。

　先人たちが生活していた当時、そこで使われ埋もれた道具類は、どのくらいの量があったのだろうか？　石器や土製品などは、化学的な風化や物理的な損傷を受けにくいため、埋もれた当時の量が変わらず、そのまま地中に埋もれていると思われる。しかし、風化や損傷が起こりやすい貝製品や木で作られたものなどは、よほど保存環境に恵まれない限り、埋もれた当時の本当の量は分からないだろう。だから発掘調査によって、目の前に現れたものは、埋もれた当時の本来の姿ではないはずだ。

　石器や石器の形をした土製品などが、当時、どのように使

われていたのか？　その使い道や使い方を調べようと試みても、それほど簡単なものではない。なぜならば、それらは太古の世界で起きた出来事であり、その当時の目撃者や残された記録もないからだ。

　だが、推測は可能だ。基本的に、道具類は日常生活などで使うために作られるものだから、おそらく、石器や土製品などにも道具としての機能を持つ部分が付いているはずだ。例えば、我々現代人が台所で使っている包丁であれば、「切刃」という刃の部分が付く。実際に石器や土製品などを調べると、素材や形の違いはあっても、そのような機能を持つ部分が付いている。さらに、刃の付いている箇所も、石器本体の特定の箇所に共通しているので、それらが本当に人によって作られた道具だったのか、またどのように使われていたのかなど、推測は可能だ。

　でも、道具であったことは推測できても、それらがどのような場面で、どのような目的で使われていたのかなどを推測するのは、かなり難しい問題だ。例えば、縄文時代の貝塚を調べると、食べられた貝殻と一緒に、貝を採取するための道具と、その貝から身の部分を取り出すための道具などが一緒に出てくる。こういった場合は、推測は比較的可能だ。しかし、もっと古い時代の地層からは、たとえ道具類と思われるものが見つかっても、貝塚の貝殻のようなものは残っていない。そのため、道具の用途などが分からないのだ。

　また発見される石器などは、形は同じであっても、大きいものや小さいものなど、大きさが異なっている。それに硬い

石で作られたものや焼かれた粘土のように柔らかい素材のものなど、硬さにおいても違いがある。したがって、使われた場面や目的などを推測するのが難しい。

　だが、あきらめるのはまだ早い。それらにおいても、判断のための手がかりがあるのだ。石器の刃にも、我々の食生活でなじみの深いスプーンやナイフの刃の形によく似た形のものがある（写真2）。

　そのほかにも、推測のための手がかりはある。それは、人が土製品などの道具を使った時にできた「痕跡」だ。出土する土製品は大小さまざまだが、それらが石器の代用品として使われていたのかどうかの是非は、その後の調査による。しかるべき地層からは、かなりの量の土製品が発見されるのだ。

写真2　スプーン形石器　上部が刃部　長さ4㎝（下末吉層）

そして、それらの多くからは、当時の爪痕が確認されている。

　例えば、小さくすり減ったプラスチック消しゴムで、鉛筆書きの文字などを消す場合を考えてみよう。爪を立ててつまんで使うことがあるが、使った後に、それらの表面を調べると、爪痕が確認できることがある。中でも土製品などは素材が柔らかいため、その表面には使われた時の爪痕が確認できるのだ。その状態を調べることで、道具がどのように使われていたのかが推測できるというわけだ。

　爪痕は長い間残りやすく、また特定の箇所に、同じような状態で残る傾向がある。それらを調べることで、その道具がどのような使われ方をしていたのかなどを知る手がかりにもなるのだ。

人は道具を使う生き物

◆ 脳と手足の進化

　人の持つ肉体能力は、地球上のほかの動物と比べて、すべてにおいて優れているわけではない。アフリカのサバンナで狩りをする、ネコ科のチーターのようには速く走れない。海に棲むクジラのようには、深く潜り、長い時間息をつかずにもいられない。

　しかし、例えばオリンピックの五種競技や体操競技のように、ほかの動物にはない複合的な能力は持っている。中でも特に優れているのは、手が持っている能力だ。力強く柔軟に、そして思いのままに動かすことができる。また人間の脳は、

物事を考え判断する、優れた思考力があるのだ。

　それでは人間は、「思いのままに使える手」と「豊かな知性」という能力を、どのような過程をたどって獲得してきたのだろう？

　現代の我々は、疑いもなく真っ直ぐ立ったり、スムーズに歩いたりできる。これら直立二足歩行は、人類だけが持つ特別な能力だ。もちろん霊長類のチンパンジーなどでも、それなりの二足歩行は可能だ。だが骨格的に人間よりも劣るため、長い距離を歩くことは困難だ。

　人間が直立二足歩行を獲得したのは、何百万年も前の遥か遠い昔のことで、それはアフリカだったと言われている。それでは、人間が直立二足歩行に進化できた原因はなんであったのか？　この問題は、研究者の中でも意見が分かれているのだ。

　直立二足歩行が可能になると、両手は体を支える役割から解放されて、自由に使えるようになった。また体幹がより垂直になったことで、頭部が体の真上の位置に移った。その結果、首を広い角度で水平に、スムーズに回せるようになり、広い範囲で物が見えるようになった。

　それまで突き出ていた口が後退し、咽頭や喉頭が広がったことで、言葉を話せる道が開かれた。さらに脳においては、頭がい骨が重力や衝撃の負担から解放されたことで、脳の発達が促された。

　このように人間は、体幹が横軸から縦軸である直立に変わったことで、二足歩行ができるようになった。それらの成

功が引き金になって、両手で自由に物を運んだり、道具を使ったりできるようになった。それが脳の発達にも繋がった。

　現在、私はクラッシクギターと太極拳を習っている。それぞれ20年近く続いている。ギターは左指で弦を押さえ、右指でその弦を弾く。美しい音を出すためには、両指のタイミングが必要だ。また太極拳はやや腰を落とし、ゆっくりとした動作で足から足へと重心を移す。片足で立っている時間が長いため、見た目にはゆっくりとした動作にもかかわらず、腰や足の筋力が鍛えられるスポーツだ。

　手の指を使うギターも、足でバランスをとる太極拳も、その動作をコントロールするのは脳だ。最近、人型ロボットがイベント会場などでも人気だが、その動作は未だ研究段階のようだ。もし今後ロボット技術が進歩しても、特殊な分野での利用を除けば、二足歩行のバランス能力と、思いのままに動かせる手の運動能力において、人間の持つ潜在能力には追い付けないだろう。

　今日の生活文化を支える「もの作り技術」の原点は、考え方によっては、直立二足歩行の成功だったのかもしれない。私が楽しんでいるギターも、太極拳もそうなのだ。

◆ 初期段階の道具は、歯や爪の補助だった

　人間のほかに、道具を使う生き物として、霊長類やカラスの仲間などが知られている。チンパンジーは、ほかの群れと争う時、棒きれを振り回すことがある。堅い殻を割って実を取り出す時は、石ころを使ったりしている。知恵あるカラス

は、実の殻を割る時、路面上に落としたり、車に轢かせたり
もする。また、ニューカレドニアの鳥の仲間は、植物の葉の
付け根に溜まった水溜りに生息している昆虫を捕食するため、
その葉を裂いてかぎ状の道具を作って使っている。これらの
道具は、食料である餌を得るために、必要に迫られて知恵を
絞って作られたものだ。

　初期段階の人類は、両手が使えるようになったことや直立
二足歩行への進化で大きな変貌を遂げた。歯の位置と機能が
変化したため、それらに代わる道具が必要になり、使えるよ
うになった。例えば、人間に最も近い動物であるチンパン
ジーなどは、口先が人よりも前方に突き出し、尖った大きな
犬歯を持っている。外敵に対して噛みつくことができるため、
身を守るのに役立っている。

　しかし、人類の進化に伴って、犬歯はその機能が失われ、
糸切り歯的な存在に退化してしまった。このような肉体的機
能の変化に対応するため、失われた機能を補うための道具が
必要になったのである。

　体毛は衰え、牙のような犬歯は退化した。裸同然の無防備
な肉体を外敵から守るために、護身用の道具として、尖った
石ころや棒切れなどが用いられた。同時に、野獣などから身
を守る強力な備えとして、日常生活に火が使われていた。そ
して犬歯だけでなく、前歯の使い方も変わってきたので、そ
れらを補うため、石器などの道具が作られるようになったの
である。

　手の発達は、指先の発達でもあったので、生活に必要な道

具作りを可能にした。先人たちによって作られ、使われていた過去の道具類は、指先でつまんで使うものが多い。それらの中には、人の前歯や爪などの形に似ていて、その機能を持っているものがあるのだ（写真３）。

写真３　歯形、爪形の石器 下部が刃部 チャート製 長さ3cm（下末吉層）

◆ 使い勝手の良い道具類

　人間は雑食性で、行動力や適応力がある。そのため行く先々の変化に富んだ環境でも、生活の場にすることができた。例えば、沿岸部や内陸部、乾燥地や湿潤地、寒冷地や熱帯地、山岳地や河川流域など至るところに適応できる。なんらかの食料になる動植物が確保できれば、生活を営むことができた。

　先人たちは、器用な手で自由に「もの作り」ができたため、

異なった環境条件でも必要とする道具が作り出せた。例えば、見知らぬ新しい環境の土地に移住したとすれば、まず、食料となる魚貝や動植物を探しだすことが必要だ。次に、それらを確保するための道具や確保した食料を調理加工するための道具作りを考える。そして、その道具を作るための材料を探し回るだろう。ついに使い勝手の良い道具が完成し、初めて、その土地で生活を営むことができるのだ。

　先人たちが当時住んでいた、海や河川の水辺だったところで得られる主な食料は、魚貝類や植物類だった。発見された道具類は、それらを裏付けるような、海や川と関係の深いものだ。例えば、博物館に展示された、当時の原人たちが使っていた石器などで、大きさが十数センチの、片手で握る「ハンドアックス」のような石器が発見されているのだ。

　そのほかにも、数センチの大きさで、親指、人差し指、そして中指の三本の指でつまんで使ったと思われる大きさが中程度のものや１㎝以下のものなどが見つかっている。１㎝以

写真4　滑り止めの窪みが作られた石器
それぞれ中央付近に窪み
（長さ5㎝　下末吉層）

下で、硬い石材で作られた鋭利な石器もあった。中程度大の
ものでは、手や指で握ったりつまんだりする際、指が掛かり
やすいように、窪みなどが作られていた（写真４）。

　試しに、それらの窪みに指先をあてて使ってみると、思っ
たより握りやすく、つまみやすいものだった。発見された石
器は口を利かないが、先人たちの日常の生活で積み重ねられ
た知恵と思いが、その石器から感じられるのだ。

◆　多くの共通点
　道具とは、物を作る時に使われたり、なにかを行う時に使
われたりするものだ。それぞれ目的に合った各種の道具が作
られ、使われる。

　例えば、同じ貝類や同じ植物の根などを食料として確保し、
食べやすく加工調理する場合。その時使われる石器などの道
具は、それぞれ形や大きさなど、多くの共通点があるものだ。
特に、使われる刃の部分は似通っている。

　地面や砂浜を掘って食料を得る時、現代の我々はスコップ
などを使う。過去の世界でも、同じような役割を果たす「ハ
ンドアックス」などが使われていた。出土したそれらを調べ
ると、全体の形や刃の部分など、同じ形の似通ったものが多
いのだ。

　また食べやすいように調理加工するには、ものを潰したり、
砕いたりすることが必要だ。それらを可能にする道具として、
実際に発見されるのは、使われる部分が平らであったり、丸
みを帯びていたりする。その状態は、例えば縄文時代に使わ

れていた、ものを潰す道具である「スタンプ石器」とか、石器を作る時にも使われる「敲き石」と呼ばれるものと同じだ。

　そのほかにも、縄文時代の「磨り石と石皿」のように、さらに細かくペースト状に磨り潰すための道具もあった。それらは、今でも中南米の一部でトウモロコシなどを磨り潰す時に使われている"メタテ"のような道具だ。

　以上は、手で握って使われる道具だった。それらより、数の上では圧倒的に多く発見されるのが、指でつまむタイプの小型石器だ。それらは数センチの大きさの石器であって、一つの石器に、形や大きさが異なる刃の部分が数ヵ所も付いているものだ。

　刃の形はさまざまだ。先端が三角形で尖ったもの、直線的でエッジのようなもの、丸い石を割った縁のような半円形のものなど。そして数の上では少ないのだが、スプーンのような形のものや球のような丸い形のものなどがあった。

　発見された石器や土製品を調べると、面白いことに、全体の形が菱形に作られているものが多い。それらの中には、数は少ないが、八面体のダイヤモンドのようなものもあった（写真5）。なぜ、そのような形に作られたのか？　その理由は分からないが、意図的に作られていたことだけは確かだった。

　道具は、用途に合うように考えて作られるものだが、作り手だった当時の人たちの考えが、作られた道具に現れているのだった。

写真5　ダイヤモンド形石器（凝灰岩　下末吉層出土）

第1部　多摩層より出土した石器

数十万年前の地層が残る地域

◆ 開発によって現れた古い地層

　横浜西南部には、東京の多摩地域に広がる丘陵が伸びている。それは富士火山が活動を始める以前に、活動を続けていた箱根火山の火山灰などが長い年月をかけて堆積したものだ。主に、「多摩層」という数十万年前の古い地層でできている。その層は、流れ込んできた砂や泥が堆積してできた下部層と、その上に噴出物の火山灰や軽石などが堆積したものだ。それは性質や成因が異なる物質が、あたかもサンドイッチのように複雑に重なり合ったものである（写真6、7）。

　この付近の地層は、百数十万年前の基盤となる「上総層」の上に「多摩層」が重なり、その上には、同じ箱根火山の噴出物である「下末吉層」という十数万年前の地層が覆い重なっている。さらにその上には、その後に爆発を起こした富士火山の噴出物が堆積してできた「武蔵野層」や「立川層」が載っている。だが調査したこの地域では、富士火山の堆積物は表面に薄く残るだけで、身近で確認できる地層はそのほとんどが、箱根火山からの堆積物なのだ。

写真6　多摩下部層（戸塚区東戸塚）　矢印は石器出土層

写真7　多摩下部層（南区六ツ川）　矢印は石器出土層

首都圏の横浜市では、40年前頃から、高速道路の建設やマンション建設など、街づくりが盛んに行われるようになった。それに伴って、身近にある丘陵などが、大型造成工事などによって切り崩されていった。

　斜面を削る大規模な工事が増えると、今まで崩れた崖面など露頭でしか見られなかった複雑な地層や、その中に閉じ込められていた貝化石などが姿を現すようになった。自然環境は失われていったが、反面皮肉にも、普段めったに見られない地中深くの様子を知る機会が訪れたのだった。

　前頁の写真6、7の2枚の写真は、戸塚区と南区の掘削工事現場から現れた多摩下部層を写したものである。軽石や砂まじりの火山灰などが堆積した層が確認できる。上の写真6の底付近の青灰色部分は掘削が行われて間もないところ。逆に黄褐色部分は時間が経って酸化が進んだところである。

◆ 重なる箱根火山の噴出物

　この地域は箱根火山の東方向に位置し、当時は海が近くにまで迫っていたため、偏西風に乗った噴出物が海面下に堆積していた。その後の地盤の隆起で、ある場所では海抜90mの高さの丘陵になった。南区、戸塚区、保土ヶ谷区の3区が接するあたりには、箱根大学駅伝マラソンでも有名な「権太坂」がある。ここは昔から難所だったらしく、その近くには旧東海道で行き倒れた旅人を供養した石碑が残る。

　上総層の直上にある多摩下部層は、氷河時代に訪れた温暖な気象によって、寒かった氷河期の氷が解け、海面の上昇に

よる海進で生まれた地層だ。連なる丘陵には、海面下で堆積したそれらの地層をさらに削って、三方に延びる河川がある。南側には、北東に流れて横浜港付近に流れ込む大岡川がある。西側には、西に流れて、途中から南の江の島付近に流れ込む境川の支流柏尾川がある。そして北側には、東に流れて、横浜港の北側に流れ込む帷子川の支流がある。これらの河川の源である丘陵部分には、開析された小さな谷が深く入り込み、小さな支流が流れている。

　このように入り組んだ河川の両岸には、基盤の上総層やその上の上倉田層と呼ばれる多摩下部層がある。そしてその後の海進で堆積した下末吉層や、さらに、それ以降の海進で堆積した富士火山の地層がある。上倉田層も下末吉層も発見された横浜の地名を付けた模式地層名である。海進によってできた上倉田層は、その後の地盤隆起で現在海抜50ｍ付近の高さに。また、次の海進の下末吉層は、四十数メートル程度の高さに隆起していた。

　箱根火山は数十万年間活動を続け、その間、相当量の噴出物を降下させていた。工事によって削り取られた上倉田層の斜面を調べると、海水面下にあった時、流されて溜まった細かい砂利や泥などが堆積していた。また火山灰や軽石などの噴出物、流木や枯葉、貝の化石などの重なった層がある。そして海水が退き、陸上になってからも、その上に火山灰や軽石の層が積もって、地層が作られていった。

　その後の海進でできた下末吉層も同様に、海水の影響を受けた地層だったため、真新しい状態のハイ貝やマガキの化石

などが、泥の層に包み込まれている。このように、この地域の地層は、その当時の環境の様子が調べられる貴重な場所なのだ。

　上総層の上に載る上倉田層や下末吉層は、海水面の上昇による海進でできた層だ。そのため、氷河時代の寒冷な氷期と、温暖な間氷期との関係が深く、影響を受けた地層だった。地質研究者らの調査によると、確認できるものでも、温暖化による海進は３〜４回あったらしい。世界的にも知られているその当時の間氷期は、「ミンデル氷期の後の間氷期」と「リス氷期後の間氷期」がある。

　果たして、上倉田層と下末吉層が作られたのは、いずれの間氷期だったのだろうか？

◆　入江のような環境だった

　発見される道具類は、南区の大岡川、戸塚区の柏尾川、そして保土ヶ谷区の帷子川などの各支流付近の地層からだ。

　それらの地域は、地層が堆積した当時、海が入り込んでいたところだった。魚貝類や海藻などの食料に恵まれ、人が住むのに適した環境であった。その後、縄文時代になってからも貝塚が作られていたので、今でもそれらの遺跡が発見されるのだ。

　ところで縄文時代の貝塚とは、いったい何であったのか？

　それらは、海辺などで生活を営んでいた当時の縄文人が残した、「現代版ゴミ捨て場」のようなものだった。捨てられた主なるものは、食料としていた貝類の殻であった。そのほ

かにも、魚やシカなど動物の骨も捨てられていた。

　このように、縄文時代を通して、場所や時代の違いはあっても、海辺や川辺などは食料が安定的に確保でき、生活の維持に適したところだった。それらが事実なら、仮に縄文時代と同じような環境だったら、時代と場所を選ばず、人は疑いなくその場所に住みついていたに違いない。

　また縄文時代の貝塚からは、貝殻と一緒に、貝の身を取り出す時に使われたと思われる石器や骨角器などの道具が出土する。さらに、再利用された土器のかけらも出てくる。そのため、道具の研究には欠かせないところである。

　縄文時代の貝塚遺跡は、人類の歴史から見ると、そんなに遠い昔のものではない。数十万年前の上倉田層や下末吉層などから出てくる道具類と比べると、その時代の差は遥かに大きいものだ。

　さすがに、上倉田層や下末吉層には、その当時の貝塚は発見されていない。しかし発見物のその形から判断すると、同じ方法で使われていたのではないかと推測できる石器や土製品が、そして貝製品などが、それらの地層からは出てくる。それを確かめるためにも、縄文時代の貝塚には学ぶところが多いのだ。

　当時、入江だったと思われるこの地域の数十万年前の地層は、その古さにもかかわらず、現在もなお地盤の高低差があまり変わらない状態で残っている。長い年月を経ると、その間には地殻変動で、人が住んでいた当時の地盤は海の底に沈んだり、陸上でさらされたりして、目の前から消失していて

写真8　東戸塚の上倉田層から出土した石器

写真9　南区六ツ川の上倉田層から出土した石器

も不思議ではない。

　しかしこの地域では、地盤が海抜40〜50mの高さに隆起したに過ぎなかった。さらに、その上は厚い地層に覆われていたため、地層は守られ、使われていた道具類も保存状態に恵まれていた（写真8、9）。

古い地層から石器を発見

◆ 役立ったオフロードバイク

　1990年当時、その場所は開発されずに自然の状態で残されていたところだった。したがって、道路の整備がそれまでされていなかったところも多く、現場に向かう交通手段として小回りが利き、駐輪するのに便利なバイクが必要だった。

　その頃、私は既にオフロードバイクを持っていた。そのバイクを手に入れた時の思い出がある。それは横浜に転居してから10年を迎えた頃だった。

　それだけの年月住んでいても、日常の通勤経路を除くと、実は自宅付近も含めて、私はほとんど横浜の地理に音痴だった。そこで足となるバイクが欲しかったのである。

　ちょうどその頃、偶然にもある出版社によって、アウトドア関係の雑誌が創刊されていた。それらを読んで、是非、林道をオフロードバイクにまたがり爽快に走りたいという思いが生まれた。それが、事の始まりだった。

　既に乗用車は持っていたが、バイクの免許はなかった。もちろん、運転などできない。当時、私は40歳だったが、年

齢を考えると、これから免許証を取っても、果たして安全に乗りこなせるのだろうか？　そういう不安もあった。

　通勤電車の中でそのようなことを考えていると、ふと電車の窓からある光景が見えた。川崎の多摩川べりにある運転教習所で、バイクを習っている生徒の姿が目に入ったのである。そして、それから３ヵ月が経ったある日。私の手の中には、中型二輪の文字が新しく加わった真新しい免許証があった。

　検定をパスするまでは、戸惑いと苦労の連続だった。当時の乗用車は、現在のようにオートマチック車は少なかった。アクセルとブレーキは右足で、クラッチは左足と左手で操作した。しかし、バイクはアクセルを右手で、クラッチ操作は左足と左手で。そして、ブレーキは主に使う前輪を右手で、後輪は右足で操作した。

　習い始めた頃は慣れていなかったので、車とバイクの操作の違いを、頭で切り替えるのに戸惑った。しかし慣れるにしたがって、なんとか最終的には、ほぼ最短の練習時間で免許証を取ることができたのだった。

　免許証の問題は解決したが、次はバイクが必要だった。雑誌で影響を受けたバイクは、その時、晴海の自動車ショーに展示されていた。早速、展示会場に行き、欲しかったバイクに恐る恐る触れてみた。本物のバイクは教習所で跨っただけで、目の前のバイクも雑誌の写真で見ただけだったが、その場でにわかにそのバイクが欲しくなっていた。既に免許証もあるので、後は夢を実現するだけだった。

　それは、“シルクロード”という中年向けのバイクだった。

ロードとオフロード、もちろん林道でも使えた。車高は高いが、車体を軽くするためにアルミを多く使っている。大きめのタンクとハロゲンランプ、急坂用のスーパーロウギアなど、個性的で夢が膨らむ、

写真10　愛車のシルクロード

優れものバイクだ（写真10）。

　早速、近くのバイク屋で購入した。引き取りに行って、初めて自宅までドライブした時の心境は、今でも忘れられない。そのバイクを、"丹沢号"と名付け、丹沢の林道でも数回トレッキングドライブした。当初は専ら、行楽地や荒地などへの遊びの目的で使っていたが、その後は休日ごとに、造成現場に行くための足として愛用していた。

◆ 斜面から石器を発見

　横須賀線の東戸塚駅周辺は、今では横浜市を代表する新興都市に発展した。しかし昭和56年当時は、畑やコナラなどの林が広がるところだった。

　近くには古くからゴルフ場があり、その周囲の谷あいには未だ自然が残され、農道と草の生えた小路があった。一番奥まったところには人工の池があり、季節によっては野鳥やトンボの姿を目にすることができた。そこはバイクを購入した

当時、オフロードでの乗り心地を試すために、偶然に見つけた場所だった。心を癒すことができたので、その後もしばしば訪れていた。

　最後にその場所を訪れてから、数年が経った、平成２年頃、私は久しぶりに再びその場所を訪れていた。あたりを見渡すと、既に丘の上部は削り取られ、緑豊かだった林の木々は、切り倒されて姿を消していた。そして、傍らの木々で覆われていた小路は丸裸になり、周りの様子はすっかり変わり果てていた。これから大規模な造成工事が始まり、まちづくりが進められる。引き換えに、豊かな自然が失われようとしていた。

　地元住民の話では、工事に先駆けて遺跡調査が行われ、つい最近終わったばかりらしい。造成範囲が広いため、おそら

写真11　石器集中地層　中央はカメラキャップ

く調査の規模も大掛かりだったと思われた。

　調査が行われたことを耳にしたので、その場所に再び興味が湧いてきた。1ヵ月ほど経ってから、再びバイクでその地を訪れた。工事はさらに進み、丘の斜面が削り取られ、真新しい斜面がむき出しになっていた。削り取られたばかりの濡れた斜面は、灰色、黄色、橙色、黒色などの地層が鮮やかに、美しく重なっていた。

　このような状態の地層は、横浜西南部地域ではあまり珍しくなく、以前から自宅の周辺でも見ていた。だが、帯状の厚さ30cmの橙色をした地層の下を見ると、古そうな地層がある。その地層の中に、自然の石とは思えない石ころが挟まっているのが目に入った（写真11）。

　一瞬、私は驚いた。それは、先人たちが残した道具のようだった。バイクを降り、切り取られ傍らに落ちていた枝を使って、手が届きそうにもない、高いところの石ころを剥がし落とした。果たして、想像していた石器なのか？　複雑な思いだった。

　早速、それらを手に取って調べたところ、周りには土がこびり付き、その場では確かめられなかった。しかしあきらめずに、土があまり付かない箇所を覗くと、断面が割られたように見える。表面は、焼かれたように変色していた。不自然な様子から、人が作ったものと思えた。

　いずれにしても、その場では確認ができないため、自宅に持ち帰って水洗いが必要だった。足元にあった、剥がし落とした大人の拳や手のひらサイズの石ころを、10個ほどビ

ニール袋に入れてバイクに載せた。

◆ 見たことのない石器

　自宅に持ち帰ってから、真っ先に、表面に付着していた泥を洗い流した。

　一見するとそれらは、自然石のようにも見えた。しかし、それらを一つ一つ調べてみると、紛れもなく人の手が加えられた石器だった。

　これまで縄文時代の初めの頃の石器を調べたことがあったが、それらは今回のものと、一部で似通っていた。手頃な河原の自然石を、その一部を加工して、生活の道具として使っていたものだ。今回、縄文時代の石器を調べた知識が、役に立ったのだ。

　古い地層から採取した石器は、この地域で手に入る凝灰岩や頁岩などの堆積岩が使われていた。またその一部は、この地域では比較的珍しい石材の砂岩で作られているものもあった。全体の形は、丸かったり平らであったりしたが、いずれも刃の部分は切り取られたような、大きな片刃状だった。

　中には、胴部の両側に片刃状の刃が付いた「ハンドアックス」のような、菱形の凝灰岩製のものもあった。それらは、この地域で発見される縄文時代初め頃の石器に似ていた。詳しく調べると、刃の部分は鋭利さに欠け、また平均的な大きさのもので比べると、かなり大きめだった（写真12）。

　石器が見つかったのは、手が届かない高いところの地層だった。小型の石器などがほかにもあったかどうか、そこま

写真12　東戸塚のBE斜面発見のハンドアックス（長さ14㎝）

では手が回らなかった。しかし、それらは明らかに縄文時代よりも古い石器だったのだ。

今後の研究資料にするため、それらは早速、私の記録台帳に書き込まれた。

ふるさとは狩場だった

◆ 那須野ヶ原

私が生まれ育ったのは日本有数の扇状地で、「那須野ヶ原」と呼ばれるところだ。その扇状地は、北側に日光国立公園の塩原温泉や那須温泉の山々が連なる。また南東側には、八溝山地がある。

それらの山々に囲まれた扇状地は、那須岳が源流の東側にある那珂川と、塩原温泉が源流の西側にある箒川との二つの河川よって囲まれ、木の葉のような形をしている。そしてそれらの河川は、八溝山地に近い「湯津上・那珂川」というところで合流している。

その扇状地は、那須岳などから石ころや土砂が水に流され、流れが緩くなった流域で扇状に堆積したものだ。それらの堆積した石ころなどは、深いところで十数メートルの厚さに達している。水を通しやすい石ころなどが厚く重なっているため、扇状地の中央部を流れる蛇尾川は、流れる水が伏流水となって川底の下を流れている。したがって川を流れる水は、雨量が多い時期を除いては、めったに見られないのだ。

厚く堆積している石ころなどの上には、火山灰が風化した

44

赤色ローム層が約50cm以上の厚さで重なっている。さらに
そのローム層は、表土であり、耕作土である黒色の腐植土壌
によって覆われている。

　扇状地である那須野ヶ原は、このような地質と地形の環境
だったため、明治になって疎水が引かれるまで、水の少ない
荒地だった。

　歴史書や郷土史によると、源頼朝は征夷大将軍に就いた翌
年の建久4年4月頃、3週間かけてこの地で、大規模な巻き
狩りを行っていた。その目的は、武士集団の訓練と、天下に
将軍の権威を示すものだった。一説では、その規模は5万、
10万の集団であったと伝えられている。今でもその地域に
は、狩りにかかわる地名が残っている。

　平らな原っぱには数ヵ所、分離丘陵の小高い丘があるが、
それらの中に「烏ヶ森」と呼ばれる海抜290mの丘がある。

　伝えによると、頼朝は狩りを行った時、その状況が見渡せ
る小高い丘の上から指揮を執っていたらしい。「烏ヶ森」の
丘の上には、近年建てられたものだが、歌人でもあった実朝
の和歌を万葉仮名で刻んだ碑がある。刻まれていた和歌は、
「武士の矢並つくろふ籠手のうえに霰たばしる那須の篠原」
だ。しかし、この和歌を詠んだ実朝は当時、幼児であった。
おそらく後に狩りの話を聞いて、軍勢の雄叫びを思い浮かべ
て詠んだのであろう。

　またこの地は、屋島の戦いで、敵の扇の的を射落としてそ
の名をあげた歴史的人物、那須与一が生まれ育ったところで
もあった。頼朝が狩りを行ったその昔、与一はこの丘に登っ

て獲物を探し、弓の腕を磨いていたのかもしれない。

◆ 大山柏との出会い

　那須野ヶ原の開発は、明治新政府になって官有地が増えてからである。

　原野を開墾し、人が住みつくためには、水の確保が必要だった。明治12年、地元有力者の要望で明治政府も動き、後にそれぞれ総理大臣を務めた伊藤博文と松方正義が、現地視察のため訪れていた。

　この時に残した、烏ヶ森の丘での面白いエピソードがある。

　11月の正午、運悪く烈風が吹き、顔に土や砂が吹き付け、話も十分通じない有様であった。困った関係者は、人垣を作ってその場をしのいだ。その時、出された弁当は握り飯と芋串であった。芋串は "那須野蒲焼" と称し、両公は珍味として賞味した。そして帰路の馬車の中で、両公は芋串の話題で盛り上がっていた。

　この地は、例年冬を迎えると、那須連峰などから「空っ風」が吹きおろすところだった。現在は、耕作地が畑から水田に切り替えられたため、土ぼこりは少なくなった。しかし私が生まれ育った当時は、乾いた時に強い風が吹くと、土ぼこりで悩まされた思い出がある。

　明治中期には、「那須疎水」という水路が完成し、本格的な開墾や入植が始まった。入植していたのは、有力者では華族令による新華族が多く、薩摩長州の出身者が多かった。明

治 14 年頃に入植した大山巌と、西郷隆盛の弟である従道らは、その中でも早いほうだった。両名が入植した動機の一つに、この地が狩りに適していたことを挙げていた。西郷家および大山家は、その後も地元民との繋がりがあったが、戦後の農地改革で、農場の規模は縮小していった。

　中学 3 年生の野外写生時間の時、私には忘れられない、考古学者・大山柏との出会いがあった。それは友人と二人で、学校近くの大山邸でのことだった。大山邸は、この付近では珍しく赤煉瓦作りだったので、絵を描くのには最適の画材と思われた。屋敷に近づくと、庭の片隅に食べごろのおいしそうなバラの実が生っていた。二人の足は、自ずと吸い込まれるようにそのバラの実に近づいていた。

　するとその直後、バラの実に手がかかる間もなく、「こらー、お前らは何者だー」と背後から不意を突かれて、怒鳴られた。驚いて振り返ると、そこには見知らぬ年老いた男性が一人立っていた。

　元帥であった父親の大山巌については、近くに立派な墓所があったので、中学生だった私にもそれなりの認識が以前からあった。しかし、その息子である大山柏とは、この時が初対面だった。見知らぬ人物からいきなり怒鳴られ、その時の驚きようは、今、思い出しても生涯忘れられないものである。

　町の噂では、柏氏は考古学者で、戦前から縄文遺跡の発掘を行っていたとのこと。また戊辰戦争の研究により、文化功労章を受けていた人物だったらしい。夫人も、町の功労者であった。考古学者だった大山柏氏との会話は、その時の一方

的な一喝だけだった。しかしその後、高校生になってから、幾度か同氏の姿を見かけたことがあった。独特の風貌で、町の中を一人で歩いていた。

　私は以前、東京の品川区に勤務先と住まいがあった。そこには、明治時代にアメリカ人のモースによって発見された、大森貝塚がある。その貝塚は、日本の考古学と人類学発祥の地として有名だ。

　平成5年頃、機会があって、その貝塚の発掘現場を見学したことがあった。大森貝塚の石碑は、その場所と、大森駅寄りに二つある。発掘現場があったところの石碑には、大山柏の名が刻まれていた。同氏もまた、この貝塚を訪れていたのだろうか？

　私は長女が生まれたその年に、現在住んでいる横浜市に移った。偶然なことに、同氏はその年に亡くなっていた。

◆ 中学生時代、級友が持ってきた「矢じり」

　那須野ヶ原は4万ヘクタールの大きな扇状地だが、中央には数ヵ所小高い丘が存在する。場所によっては、灌木、篠竹、萱などが茂る荒地が広がっていた。

　開墾によって人が住みつき、耕作地が広がってからも、石ころがむき出しになっている場所がところどころにあった。そのような場所は、表土やローム土が厚く堆積している場所よりも低いため、雨量の多い季節には時々清水が湧きでるところだった。そのため、生活に必要な水の確保ができたので、昔から人が好んで住みついたのだろう。このような場所では、

縄文時代などの石器が時々発見されていた。しかし整地されて水田に変わったため、今日では見られなくなった。

　この地方で発見される縄文時代などの古い遺跡は、扇状地を取り囲む両側の河川近くに多く残っている。特に、南東部の二つの河川が合流するところや清水が湧き出るところには多い。那珂川は今でも川魚が多く獲れる川だが、その規模や環境から考えると、縄文時代にも鮭が遡上する時期には、多くの縄文人が川岸に集まっていたことが想像できる。

　蛇尾川の支流近くの小高い丘の上には、大山柏などが戦前から調査を行っていた、比較的規模の大きい槻沢遺跡がある。この遺跡は、東北地方の縄文文化の影響を受けた、縄文中期～後期にかけて栄えた遺跡だ。本流の蛇尾川の水は、扇状地の中央を伏流水として流れ、下流で湧水となって箒川から那珂川に注ぐ。地理的環境を考えると、この地域の縄文人は、秋になると那珂川まで足を延ばし、獲れた鮭を食料にすることができただろう。

　この遺跡の住居の床からは、複数の炉が繋がった複式炉が発見されている。どのように使われていたのか？　その使い方は今でも謎であるが、燻製づくりのような、鮭の調理のための炉であったと考えられないだろうか？

　小高い丘の近くや清水が湧く低地近くは、縄文時代などに生活で使われた石器や土器などの道具が、時々発見される場所の一つだ。槻沢遺跡やこの地域の遺跡からは、弓矢の先に付けた矢じり以外にも、火山岩や凝灰岩で作られた各種の石器がかなり多く発見されている。それらから分かることは、

当時の那須野ヶ原は、動物や川魚などの獲物が豊富だったこと。そして、そのほかにも山芋などや植物の根などの食料が採取でき、環境に恵まれた生活の場であったことだ。

　私が中学3年生だったある日、クラスの友人が、手のひらいっぱいの「矢じり」を教室に持ってきた。私も含めて周りのみんなは珍しがって、それぞれ手に取って見つめていた。矢じりは、大きさも形も、色もそれぞれ違っていた。一つ一つ詳しくは観察できなかったが、ガラス質の硬そうな石で作られ、色は黄色、赤みがかかった色、灰色、黒色など美しい色をしていた。

　それぞれの周には、葉っぱのような鋭い切れ込みがあった。

写真13　知人宅の石器

あまりにも印象深かったので、その時の様子は今でも覚えている。

　級友が持ってきたそれらの矢じりは、この地方で「田普<ruby>請<rt>しん</rt></ruby>」と呼んでいる、畑や山林を田に変える際、小石を取り除く作業中に見つけたものらしい。この頃は町の勧めで、地下水の電気揚水による水田作りが盛んに行われていた。私もこの頃、住まいの敷地内から先端の一部が欠けた、薄緑で半透明の矢じりを、一つだったが見つけたことがあった。

　その後の調査で分かったことであるが、この地方で発見される矢じり（石鏃）は、黒曜石やチャート（放散虫の遺骸が深海で堆積。陸に運ばれた石英質の岩石）で作られているものが多い。しかも、黒曜石よりチャートで作られたもののほうが多いのだ。中学時代に友達が教室に持ってきた矢じりの中にも、色が黒かったものはあまり記憶に残っていない。また、町の資料館で見た槻沢遺跡で発見された矢じりでも、展示されていた十数点中、そのほとんどがチャート製であり、黒曜石は、わずか1点だけだった。

　さらに、ある知人が保管していた、那須野ヶ原の西側にある箒川の川岸にあった遺跡から発見された矢じりでも、26点中、黒曜石はたったの1点だけ（写真13）。箒川の上流近くには、黒曜石の産地である高原山があるが、それらを考えると意外だった。チャートの産地は、この地域では南東にある八溝山地がある。それに沿って近くを流れる那珂川の河原には、今でも良質な層状チャートが発見されるのだ。

　箒川は那珂川に合流しているため、材料のチャートは、川

を辿ったルートで運ばれてきたのだろうか？　チャートは黒曜石に比べると、硬く粘り強いため、作るのがたいへんだ。しかし不思議ではあるが、この地方ではチャートが好まれていたのだった。

多摩ニュータウンの遺跡見学会

◆ 多摩丘陵の開発

　50年前、多摩丘陵では街づくり計画に基づく大規模な開発が行われていた。そしてその頃、私は東京都が進める物価対策の仕事についていた。

　新しくできた街に人が住みつくと、その近くに安く、良い品物を安定的に提供できる利便性の高い商業施設が必要になる。それらを実現するための店づくりが、私の仕事だった。その当時、東京都ではほかの地域にも新しい団地づくりが盛んに進められていたが、それらの場所でも消費者向けの計画が進められていた。

　多摩市などに広がる多摩丘陵を開発して新しく街をつくる、「多摩ニュータウン計画」もその一つだった。その計画が進むにしたがって、私も次第に多摩市に足を運ぶ機会が増えていった。

　現地に向かう車窓からは、現場のあちこちで何台もの重機が動き回っているのが見えた。崩された丘、黄色や赤茶けた斜面が目に留まった。現地には、その後も何回となく足を運んだが、訪れるたびに開発はさらに進み、建物には既に住民

の姿があった。開発面積の大きさや建物の多さは、その当時の経済成長の象徴だった。

　多摩丘陵の開発に伴って、多量の土器や石器などが発見された。それらは整理されて、新しく設けられた埋蔵文化財センターに保管されていた。発見された石器などがそのセンター内に保管されていることを初めて知ったのは、それから10年後、センターが出した広報チラシを読んだことによる。

　多摩ニュウータウンの開発規模があまりにも広大だったため、調査が行われた遺跡数は最終的に1000ヵ所にも及んだ。それにともなって、遺跡名も番号で付けられていた。

◆ 遺跡見学会への参加

　私はセンターの広報誌で、多摩ニュータウンで遺跡見学会が行われることを知った。

　当時は開発に伴う埋蔵物の事前調査が、あちこちで盛んに行われていたため、土器や石器の発見も多かった。その結果、研究も進み、新事実が次々と分かり、考古ブームが訪れていた。そのような時勢の流れもあって、現地見学会がたびたび開かれていたのである。

　私は、ある縄文時代中頃の遺跡を見学するため、10年ぶりに再び多摩ニュータウンに向かっていた。前回は仕事のために有楽町から、今回は私事で横浜からだった。車窓からは、開発がほぼ終盤に向かい、出来上がった街並の広がりが見えた。

　案内図によって現地に辿り着き、あたりを見渡すと、既に

ほかの見学者の姿があった。発掘によって当時の姿を取り戻した遺跡が、目の前に広がっていた。遺跡の周りには、未だ発掘されずに残った、既に葉を落とした自然状態の木々の姿があった。

　発掘によってすっかり土が取り除かれ、丸裸になった遺跡を見渡すと、柱の穴がむき出しになった住居の跡が並んでいた。なんとなくそれらを見ているうちに、当時そこに建っていた住居の様子や今にも姿を現しそうな縄文人などのイメージが頭に浮かんできた。木々が茂る自然の姿と、縄文人の生活文化が、確かにそこにあったのだ。

　ふと現実に戻ると、その場の雰囲気を盛り上げるかのように、係員の説明が続いていた。そこで使われていた土器や石器などは既に取り除かれていたので、残念ながらその場にはなかった。しかし、むき出しになった当時の生活の場などめったに見られない、いや、そこでしか見られないものだったと言ってもいいのだろう。それを見学できたことは、その後の道具の研究のためにも、学ぶところが多かった。

　多摩地域での開発面積や工事期間が大掛かりだったため、自ずと、石器や土器などの道具類も多く発見されていた。出土した石器などの一部は見学会の現場にも展示されていたが（写真14）、その多くは、埋蔵文化財センターの常設展示場で見ることができた。

　新設されたそのセンターに、初めて自宅から愛用のシルクロードにまたがって見に行ったことがあった。目的は、そこに展示されている石器や土器などを調べることだ。多摩

ニュータウンで生活を営んでいた縄文時代人の、当時の生活様式や特徴を知ることができるのだ。センター内には、旧石器時代のナイフ形石器から近世の茶碗などの焼き物まで、時間差と幅広い分野の道具類が展示されていた。

写真14　遺跡見学会展示の石器（上の10点がねつ造事件の石器→167頁参照）

　私は、自宅の近くで遺跡調査が行われたその頃から、縄文時代の早い時期である「撚糸文文化」の土器および石器に興味を持っていた。その撚糸文文化は、今から9000年前頃に栄えた土器文化だが、一般的にそれらは黒土の下の、赤土の上部から発見されていた。土器の形は、底が尖った砲弾のような特徴のあるものだ。そして表面には、棒に巻き付けられた糸の跡が残っている。

　展示場内の各時期の土器が並ぶその中に、復元された、比較的大型のそれらがあった。その大きい土器は、時期が古いものだったのだろうか？　底を見ると尖らず、丸かった。また、注目していた石器では、撚糸文文化特有の、手頃な河原石に手を加えたようなものは見当たらなかった。

　ただ、同時期のものなのか、縄文早期の特殊な石器として、

砥石や全体が矢じりのような形で、その両足部分が耳かきのような形をした石器があった。そして量は少なかったが、矢じり（石鏃）そのものもあった。

　次に、本格的に作られた矢じり（石鏃）を探すために、4000〜5000年前の縄文時代中期の展示コーナーを覗いた。そこには、土を掘るための道具、物を磨り潰すための道具、木を切り倒すための斧、それから耳飾りなどの装身具などが置かれていた。そして私が探していた矢じりも、30点ほど展示されていた。

　それらの矢じりは、形や大きさが同じように揃っているものだった。不思議だが、おそらく複数の遺跡で発見されたものだろう。広大な調査面積を考えると、意外と発見数が少ないと思われた。この地域での弓による狩りは、考えられたよりも少なかったのだろうか？

　矢じりに使われていた石材は、この地域で発見される旧石器時代のナイフ形石器と同じように、黒曜石が多く使われていた。産地の長野県地方などとの往来があったのだろうか？

　当時の生活用品の石器や土器などから、この地域に住んでいた太古の人々のバラエティーに富んだ生き方を知ることができた。

◆ 横浜西南部の縄文遺跡
　多摩丘陵が繋がる横浜西南部でも、縄文時代早期の撚糸文文化の土器と石器が発見されている。私が住む地域でも、かつてはその丘陵の南東部が海に繋がっていたため、撚糸文土

器のほかに、縄文時代中期の土器や後期の土器など、海と深いかかわりがある生活で使われた土器や石器などが発見されている。特に丘陵の上からは撚糸文土器が発見され、より海に近いところからは、後期の土器が見つかっている。

　過去に撚糸文土器が発見された例として、今から70年前（1951年）、明治大学が行った大丸遺跡の調査が知られている。その遺跡から発見されたそれらの土器は、発見当時、縄文時代で最も古い土器と言われていた。

　今から約40年前（1985年）、その大丸遺跡があった場所の東の、谷を隔てた丘で、高等学校の建設が行われた。そして建設が行われる前に、遺跡調査が行われた。

　その場所は自宅に近かったが、ちょうどその頃、家の建て替え中だったため、私は残念ながら調査の様子を覗く機会がなかった。しかし、自宅が出来上がると、ようやくその場所を訪れる機会が巡ってきた。

　現場に行ってみると、冷たい北風が吹き付ける狭い尾根の両側には、4軒分の縄文時代中期の住居跡が掘り出されていた。その場所は以前、畑があったところだ。調査が本格的に行われる前の初期段階に一度、その場所を覗いたことがあった。その時は、確か2m四方くらいの穴が、等間隔に直線的に掘られていた。しかし今は、尾根中央に残った小路と住居跡があるところを除いて、地面は平らにきれいに整地されていた。発掘調査が行われる前、その小路は付近住民の憩いの散歩道でもあった。私も時々、散歩をしながら大丸遺跡が

あった西方向の、美しい夕日を眺めたものだった。

　遺跡調査が終わると、新しく学校を建てるため重機が入り、大規模な造成工事が始められる計画だった。しかし、実際に重機が入ったのは、調査が終わってから1年後だった。その間、遺跡はそのままの状態になっていた（写真15）。

写真15　自宅近くの発掘現場（昭和61年）

　調査が終わった後だったので、既にそこには発見された土器や石器はなかった。でも散歩の途中で削られた地表面を覗いたところ、目立ちにくい、細かい石器や土器片が転がっていた。それらは、表面の土が冬場の霜で崩され、その後の降雨や風で除かれ、下に埋まっていた小さな石器などが顔を覗かせたものだった。そのような現象は、斜面ではほかの場所でも起こり得ることだった。私はこのような現象を、「自然

のふるい現象」と呼んでいた。乾燥期の風が吹いた後や大雨の後などに、故郷の畑で見つかる矢じり探しの体験からだった。その後、工事が本格的に始まってからも、その場所に行くと、工事の置き土産として埋もれていた土器片などが姿を覗かせていた。

　私が撚糸文土器の文化に触れたのは、その高校の建設現場と、そこから数キロ離れた丘陵上の、公園の造成現場が始まりだった。その2ヵ所から分かったことは、同文化は、丘陵の頂上部や斜面に、比較的小規模の住居を作って生活をしていたらしく、重機で斜面を削ってみないと発見できないことだった。

　また、同じ撚糸文文化でも、時代、規模、立地条件などの違いで、使われていた土器の大きさにも違いがあることに気がついた。古い時期に作られた高校の建設地で発見されたものは、土器の径が直径10 ～ 15㎝が多かった。それに対し、公園予定地のものは直径26 ～ 30㎝のものが多く、大きさには平均10㎝の差があった。大きかった土器の遺跡は、海により近く、規模の大きい丘陵の上にある。そして、次に続く時期の撚糸文土器だった。これは、生活集団の違いによるものなのだろうか？

　撚糸文土器文化の起源が、どこにあったかは定かでない。しかし共通しているのは、石器などが、手頃な河原石を加工していることだった。それらは食料を確保したり、調理したりするための、土を掘ったり、ものを潰したり、または磨り潰したりするために握って使うタイプの道具だった。そのほ

かにも、指で摘まんで使うタイプの、比較的小型の石器も出土している。

　高校の建設地で見つかったそれらの中には、棒状の石をポテトチップのように輪切りに割り、その一部に刃が作られた、切るための石器があった。また、多摩ニュータウンのセンターにも展示されていたものと同じような、石皿を転用した、表面に幾筋もの擦ったあとが残る砥石などや、石鏃の両脚のような部分が耳かきのように作られた異形石器もあった。

　高校の建設現場での「自然のふるい現象」によって見つかった、かなり小型の石器は、刃部が鋭利に作られていたものが多い。また、再利用された小型の撚糸文土器のかけらには、つまんだ時の爪痕が残るものが多かった。拾った頃は、それらがどのように使われていたのか謎だった。

焼かれて作られた生活道具

◆ 身の回りの生活用品

　現在、日常生活で使っている身の回りの製品を調べると、その多くは作られる時に、なんらかの方法で熱が加えられていることが分かる。例えば台所用品では、木で作られたまな板や箸などは別として、金属で作られた食器や包丁、そして陶器で作られた茶碗などがそれである。

　私は過去に、熱を使い金属を加工していた工場に、約１年間勤めた経験がある。そこでは、鋼材、特殊鋼、非鉄金属などを、加工しやすいようにバーナー炉によって加熱し、軟ら

かくなった状態で製品を作っていた。

　鉄などの金属は硬く粘りが強いため、まず一定の大きさに切断してから熱を加えて、金型などで成形が必要だった。例えば一般の鋼材の場合は、はさみの親分みたいな機械で必要な大きさに切断する。特に硬い鋼材では、熱を加えないと切断できない。そのため、いったん炉で加熱してから、鏨（たがね）を使って切断していた。

　一定の大きさに切断されると、次には炉で熱を加える。そして、上と下に二つの金型が組み合わさる仕組みの鍛造機械でたたき、成形され、同じ規格の製品が作られていた。あんこが入った「たい焼き」を焼く時には、上下合わさる一対の型を使って焼き上げている。あの要領だ。刀が作られる時は、通常、刀工によって、材料である鋼を真っ赤になるまで高温で熱し、ハンマーでたたく。鋳物を作る場合は、さらに高温で素材の鉄を溶かしながら鋳型に流し込むが、それらと原理は同じだ。

　このように、硬い金属などを加工する時は、熱を加え、それらが溶けるか、または溶ける一歩手前の状態で作られるのだ。

　岩石と同じように、金属にもそれら特有の性質がある。鉄の場合は、空気に含まれた酸素によって酸化されて、通常赤色に錆びる。だが鉄の中でも、錆びにくい種類のものがあるのだ。

　その中の一つであるステンレス鋼は、錆びにくく硬いため、食器や刃物に使われ、今では身の回りの製品で多く使われて

いる優れものだ。しかし、私が働いていた当時は、それらは貴重品だった。その頃の食器などは、クロムの含有率が13パーセントの錆びやすいものが多かった。今日では、クロムとニッケルを含んだ含有率の高い良質のものが普及している。それらは当時、「18クロム」と呼んでいたが、熱処理にあたっては普通鋼と異なり、加熱してからそのまま放置すると硬くなる。反対に、加熱して水で冷やすと軟らかくなる性質があった。また、磁石につかない性質があり、ほかの鉄と区別できた。

　このように、鉄など硬い金属を成形して製品にするためには、どうしても熱処理が必要だ。また同様に、陶器やガラス製品は、地球内部の液状マグマが冷えきってできた岩石を素材としたもので、再び熱を加え、溶かしてから作られたものだ。

◆　焼かれていた縄文時代の石器

　私は、石器が熱を加え作られていたのを知り驚いた。

　それは、自宅近くの造成現場でのことだった。崩された斜面から土器片が姿を覗かせていた。その近くには、赤茶けた色の石器らしきものがあった。早速、拾い上げて泥を除くと、それは石を薄い輪切り状態に割った石器だった。刃の部分は鋭く作られ、植物などであれば切れそうだった。そして改めて刃の部分を調べたところ、割ったのではなく、削ったような状態だった。例えばそれらは、粘土の表面をヘラで削った状態に似ていた。キャンバスに絵具を厚めに塗り、その部分

をナイフで削ったようなものだ（写真16）。

　私はそれまで、鋭い石器といえば、チャートや黒曜石など
で作られた矢じりを思い起こし、専ら割って作られるものと
思っていた。しかし、工事現場で発見した石器の刃の部分は、
それらとは大いに異なっていたのだ。その状態は、過去に鉄
工場で熱を加えて作っていた、鉄などの金属製品と同じ状態
だった。

　石ころは硬いが、金属のように粘り気がないため、たたい
たり、曲げたりするとすぐに割れてしまう。しかし、その生
い立ちを辿れば、液状のマグマが冷えてできたものだった。
だから、再び熱を加えれば、元の液状に戻るはずなのだ。性
質は違っていても、基本的には金属や鉱物と同じなのだ。

　発見した石器は、硬い石を加熱して、粘土のような状態で

写真16　左側が加熱状態で削られた刃部（長さ5cm）

作られていたものだった。熱によってガラスを溶かし、作品を作るガラス細工があるが、基本的には、石器作りも同じではないかと考えられた。

　付け加えれば、石器と一緒に出てくる土器なども、その素材は砂や粘土であり、形状は異なるが、石ころと同じなのだ。このように考えると、石器が焼かれて作られていても、決して不思議ではない。むしろ、生活道具の仲間であった土器が焼かれて作られていたのを考えると、あり得ることだ。

◆ **石器は焼かれて作られるもの**

　石器の多くは、陶器や金属製品と同じように、本当に熱を加え、溶けた状態で作られていたのだろうか？　それとも、違うのか。事実を確かめるためには、実際に調べることが肝要だ。

　私は、箱根の火山灰層に含まれる古い時期の石器のほか、縄文時代や海外で得られた石器などの研究材料を、量的にも自分でも驚くほど抱えている。それらの調査から分かったことは、焼かれていないものを探すのが困難なほど、熱を加えて作られたものが多いということだ。

　それでは、「熱が加えられていた」という事実は、どのようにして確かめられるのだろうか？　それは、作った時の跡を調べることだ。そうすれば、どのような方法で作られていたのかが分かるのだ。

　石器は、素材となる石ころの性質、形、そして大きさなどによって作る方法が変わる。

　割れやすく、また最初から作りたい石器の形に合って大き
さも手頃であれば、あまり手を加えなくとも省エネで済む。
しかし、割れにくく大きすぎる場合は、作るのがたいへんだ。
　一定の大きさの石器を作ろうとした場合、少なくとも前
もって、大きさだけは揃えておくことが必要だ。鉄でできた
製品を作る時も、ガラス細工をする時も、大きい素材を切断
してから作る。
　実際に発見された石器を調べると、使われていた石ころは、
割って適当な大きさにしたものや、もともとその大きさだっ
たものに手を加えて作られていたものが多い。例外はあるが、
いつの時代でも前もって、その大きさにしてから作られてい
たのだった。
　用意された素材から石器が作られる際、果たして、金属製
品やガラス細工品と同じように、熱が加えられていたのだろ
うか？
　石ころが素材の石器の作り方として、一般的には大きさや
形を整えるために「割る」という行為がある。さらに薄く割
る場合には、「剝離」という行為がある。また同様に割る方
法には、表面を砕く「敲打」という行為がある、そして石を
すり減らす方法として、「磨製」という行為などが広く知ら
れている。
　それらは力による物理的な方法でのみ作るやり方だが、作
られた石器を詳しく調べると、それらだけでは説明できない
方法で作られていたのだ。それが、物理的変化や化学的な方
法を取り入れた「加熱」による作り方だった。

これが分かったのは、泥が付く石器を持ち帰り、洗った時だった。その表面をルーペで調べた時に、偶然発見したのだ。石器の材料だったその石ころの種類や性質を知ることが大切だが、種類を問わず、熱を加えれば必ず表面に変化が起きる。焼くことで、酸化作用が働き、表面の色が変わり、ガラス質に溶けて光沢が増すなどだ。

　また、内部から水蒸気やガスが出るので、抜けた跡の穴も残る。これらの現象は、生活様式が変化した現在、身の回りではあまり確認できる機会が多くない。例えば、古い時代に作られた焼き物の釉の表面に残るピンホールや火山近くの溶岩などがそれなのだ。それらは加熱することで、岩石や鉱物が化学反応などによって変化したものだ。

　さらに、石器の胴部や刃が作られた部分には、自然にはできない、規則性、連続性のある窪みがあるのだ。

写真17　中央部分に右回りの三つ巴
　　　　（下末吉層　長さ2cm）

写真18　中央部分にC字状の亀裂
　　　　（下末吉層　長さ4cm）

写真19　自作の実験炉（3室）

それらは、石器が作られる時に、人が加えたものだった。加熱によって物理的、化学的に溶かし、あるいは軟らかくなった状態で、物理的な力が加えられて窪みができたり、形を変えたりしたものなのだ。

　私は20年前、自作の研究ホームページで発信していたが、つながる3個の窪みを調べたところ、三つ巴のように右回りや左回りに連続するものや、一直線に三つが並び、同じ方向に連続するもの、挟まれた中心部の一つが最初に作られたもの、または最後に作られたものなど、それは意図的だったのか偶然だったのか、全部で5通りの窪みの生まれ方を知った（写真17）。

　そして、窪みではないが、アルファベットのC字状やL字状の亀裂が発生することが分かった。それらは、石器作りの際、もともとあった凹凸部分が平らに潰された時にできた現象だった（写真18）。

　ガラスは1300度で溶ける。だが、その半分の温度でも軟化が始まり形を変えるといわれている。試しに実験炉を作り（写真19）、ガラスびんで行ったところ、700度で形を変えた。石ころも同じなので、石器が作れそうだった。

使われた身近な石ころ

◆ 身近な石ころの利用

　現在は身の回りにある道具の「包丁」。原料は他国から輸入して作られたり、製品によっては、完成品として輸入されたりしたものばかりである。

　過去の世界で使われていた石器など道具の多くは、交通手段や人との交流が現在のように盛んに行われていなかったため、その原材料を身の回りの限られたところから得なければならなかった。

　保存されやすいため、発掘などによって発見される道具の代表格である「石器」について調べてみよう。すると一口に石器と言っても、用途によっていろいろな形や種類があることが分かる。元となった石ころは、鋭く割れやすいもの、割れにくいが硬く重いもの、割れた表面が粗くざらざらしているものなど、性質が異なる材料が使われていた。

　石器の材料として使える石ころが、身近なところからどのようにして手に入れることができたのか？　その過程について、専門的ではあるが、研究文献から触れてみたい。
「石ころ」とは、一つの例ではあるが、定義の本質に沿うと次のようになる。
「風雨にさらされ、自然現象で崖面の岩などから離れた、砂粒以上の大きさの鉱物や岩石でできているもの」

　石ころは、その場所にとどまっている場合もあるが、多くの場合は河川に合流し、下流に運ばれることが多い。移動の

過程でほかの石ころと衝突したり、磨り合ったりして形を変えていく。

　当初は角張っていた石ころが、形を変えていく様を段階的に分けると、「角礫<ruby>角礫<rt>かくれき</rt></ruby>」「<ruby>亜角礫<rt>あかくれき</rt></ruby>」「<ruby>亜円礫<rt>あえんれき</rt></ruby>」そして「<ruby>円礫<rt>えんれき</rt></ruby>」の４段階となる。さらに、円礫である石ころについては、その球形度を分けると、「球状」「板状」そして「柱状」の３段階となる。

　石ころの中には硬いものも、軟らかいものもあるが、チャートなどは硬いので、形を変えるのに時間がかかる。しかし、その硬いチャートでも、下流域になると丸く小さな形に変化している。

　次に、性質の異なる石ころが、どこから、どのような川によって運ばれてきたのかについて述べよう。

　まず、南関東地方の特に首都圏を流れている一級河川には、荒川、多摩川そして相模川などの代表的な河川がある。それらの上流には、日本列島の生い立ちに関係のある「恐竜」が生息していた中生代のジュラ紀や白亜紀の時代に堆積し、運ばれてきた石器の材料となるチャート、砂岩そして変成岩などが存在する。

　河川によって石ころの違いはあるが、それらは共通して流され、運ばれてきたものである。その中には、火山噴火によって生じた火山岩などもあるが、いずれも石器の材料として古くから用いられてきたものがある。

　これらの石ころは古く硬いため割れにくいが、泥岩などが熱変成作用を受けてできた「ホルンヘルス」という石ころな

どは一方向に割れるため、石器の材料としては好まれて使われていた。そのほか、火山灰が固まった硬い凝灰岩も好まれた石材だった。

　美しい色の石器は、いつの時代でも好まれていたが、光沢があり半透明の石器は、ガラスの原料にもなる石英や石英系のメノウなどで作られている。同じような性質の堆積物であるチャートは、赤色、黄白色、青灰色など多くの色のものがあるが、非常に硬く割れにくい石材であるため、作られた石器は、熱が利用されたものが多い。したがって、自然のチャートには見られない半透明の美しい肌をしている。高校時代に畑で見つけた矢じりは、半透明に近かったので、おそらくチャート製ではなかっただろうか？

　2015年の夏、科学博物館の仲間と、愛知県と岐阜県の境を流れる、犬山付近の木曽川の岸辺を訪れた。この付近には、岩体が層状チャートの崖面が連なり、それらの中には、青灰色のチャートが顔を覗かせている場所もあった。このような石材が豊富な河川の近くでは、人が住み着く環境が整っているため、たいてい近くの畑では、周りのチャートで作られた石器が手に入ったりする。

　ここで、南関東の河川から見つかる「チャート」という石材の生い立ちについて語ろう。この岩石は、もともと太平洋の深海に堆積したものである。珪質の動物プランクトンの死がいや、海底火山などから供給された珪酸という物質が沈殿してできたものである。そのチャート堆積岩がプレートに載って運ばれ、後に日本列島になる前の大陸だったその地殻

に入り込む。その際に付加体として取り入れられ、長い年月を経て、荒川や多摩川の上流域のものが下流に運ばれた。荒川の上流付近のチャートは中生代のジュラ紀のものであることが、研究者によって含まれている化石から調べられている。

　また、多摩川上流のチャートは、ジュラ紀とその後の白亜紀のものがあるらしい。石質が硬く緻密である。美しいため、火打石として使われていたフリントや碧玉、メノウなどとともに、石器が使われていた時代を通じて、石器の材料として広く用いられていた優れものだった。

当時の人々は幾何学的造形が好き

◆ 人の考えが物に表現された興味深い現象

　物は形を持っている。見えない気体や形が定まらない液体を除けば、固体状態のものには、形がある。ここでは、石ころで作られた石器について述べるが、それらの形には、関心をひく多くの共通する事柄があるので面白い。

　石器を手に取って眺めると、石器本体とか、道具として使われる刃などが付いている部分の形は、菱形、三角形、方形、円形などの輪郭が意図されていることを感じる。それらは部分的であったり、連続していたり、または組み合わさっていたりしているのだ。

　正に、古代ギリシアの壺や九州地方の装飾古墳などに描かれた幾何学的模様の立体版である。過去、2回ほどエジプトにツアー旅行したことがあるが、そこには方形、三角形など

をイメージした古代エジプトのピラミッドがあった。また、太陽神を崇拝していたこともあって、その時期に作られた円形の造形も目に入った。それらは、人の考えが物に表現された興味ある現象だった。

　私が調べている多くの石器は、河川の中流域に溜まった比較的丸みを帯びた自然石を材料にしているので、そのことが一因かもしれない。石を割って使いやすい石器を作る際、自ずとその輪郭が、円形、方形、三角形のような形になった恐れがある。また石ころには、堆積岩のように層が重なってできているものや溶岩が冷え固まった石質の石ころもある。中にはチャートのような硬い石や比較的軟らかい石灰岩などさまざまな石質がある。割れ方にも違いがあり、一様ではないのが現実だ。

写真20　扇状石器（下末吉層）

　ここにリンゴを刃物で縦に４等分し、さらに中間で横に切れば８個の扇状の欠片が生まれる。一つの欠片の表側には丸いリンゴの表面が残る。そして反対の内側には三角錐ができる。それらの輪郭部分には、さまざまな尖った部分やエッジ部分が生まれる。尖った部分は三角錐先端と周りの３カ所である。エッジ部分は弓なり３カ所と三角錐直線３カ所などだ。

　これまでは、ほぼまん丸のリンゴを均等にカットしたものであるが、途中で切り方を変えたり、その後さらに切り続けたりすると、さまざまな形の欠片が生まれる。扇状輪郭を持つものは、石器の模式的なものだったらしい。実際に作られていたそれらの石器は、角の要部分が90度よりも大きく、横長のものが多く作られていた（写真20）。

　材料になった石ころは、リンゴのように丸いものとは限らない。歪なものもあれば、コロッケのような平らなもの、さつま芋のような棒状のものもある。したがって、そのような形の材料を使うと、さまざまな形の石器を作ることができる。そして、できた欠片の尖った部分や、直線的、曲線的輪郭部分を使うための刃の部分として道具が作られる。出っ張っている部分はさまざまな角度の三角錐が多いが、四角錐もあり、尖ってはいないが球状のものもある。

　一つの石器が作られる場合、普通に考えると、石ころを目的の形に割って作るのが一般的だ。ところが、石ころを割らずに形を作る手法が用いられている場合がある。このようなケースは、硬くて割ることが難しいチャートなどに見られることが多い。つまみやすいような形に潰したり、刃の部分を

使いやすいように加工したりしている。

　興味深いのは、硬いチャートを熱加工して、八面体のダイヤモンドのような形のものを作っていたことである。正八面体ではないが、やや細長い形のそれらの両端をさらに加工し、道具として作られたものだ。

　石ころを材料として使うと、作っている間に、ひとりでに幾何学的模様の形になってしまったのか？　それとも、作者の思いがあってそのような形にしていたのか？　いずれだったのか、確かなことは分からない。しかし作られた作品の中には、機能とは関係なく、故意にそのような形にしていたような形跡があるため、思いは持っていたようでもある。美しいものや、自然界では珍しい形のものは、いつの時代でも気を引くものである。

　古代ギリシアは哲学、数学など、知的分野について歴史的に有名な学者を生んできた。しかし発見された石器などから想像すると、彼らよりもはるか遠い昔の人々も、なんらかの同じような考えを持っていたのではないか？

　私には、そうとしか思えないのだ。

貝殻をまねた石器

◆ ハマグリにそっくりな石器！

　発見される石器などの中には、ちょっと変わったものがある。ハマグリのような形のものである。

　それが発見されたのは、私がよく利用する最寄りの「弘明

寺」という駅に隣接する公園だった。そこには、かなり古い地層がある。南東側には大岡川が開析した広がりがあり、北側には六ツ川という比較的規模が小さい川が削った谷が伸びる。そのハマグリのような石器が発見されたのは、西側から伸びた丘陵の上だった。

　富士火山の噴出物と思われる、覆っていた土が既に失われていたところでは、現在、一見自然礫のような丸い石ころのような石器が固まった状態で広がっている。その下の砂礫状の砂の上に、石器が河原の石ころのような状態で露出している。石器がある地層は、多摩層の上部か下末吉層と思われる地層だ。現在、海面からの高度は40ｍ付近であるが、石器には海水成分の付着が認められるため、海水面の下になっていたことが考えられる。私は、その場所をGAと名付けていた。

　そこにある石器は、チャートや凝灰岩など石器の材料として適した小礫で作られたものが多い。かなり大きいものでは台にしていたような石器もあるが、見つかるものはほとんど、数センチの小型の石器で占めている。また、物を敲き割ったり、磨り潰したりして使われたと思われる手のひら、拳大の石器もかなりの数で発見されている。

　この場所で見つかる石器は、同じ時期のほかの場所で見つかったさまざまな石器などと比較して、種類的には同じである。だが、両端が丸くなったチャートや凝灰岩で作られた石器が多く発見される特徴のある場所なのだ。

　そのような石器の中から、ハマグリにそっくりな殻の長さ

が5cm弱の凝灰岩製の石器が、1点だけではあるが発見された。ハマグリは、「殻頂」と呼ばれる頭の付近に靱帯がある。正面左側の「左の殻」と呼ばれる殻を摸して作られた、珍しい形のものだ（写真21）。

　ハマグリの殻で作られた道具は、縄文時代の貝塚からも発見されている。その「貝刃」と呼ばれている貝製品は、殻の縁を石器のようにのこぎり状に欠いて道具としていたものである。発見された凝灰岩製の石器は、棒状の緻密な凝灰岩の頭付近で作られている。大きさと形はハイ貝に似ているが、ハイ貝のような殻頂から腹にかけて筋状の溝がないため、むしろハマグリの仲間を意識して作られたように見える。

　内側は、大人の親指がはまる程度の大きさと深さがある。

写真21
ハマグリ形
石器

ルーペで覗かないと分からないが、ハマグリで作られた貝刃と同じ箇所にある腹の縁に、細かい刻みが付けられたものである。内側の窪みは割って作られたのではなく、割りばしのような先端が平らな器具で丹念に突いて作られたようだ。

　反対側の丸くなった外側には、作る時にできたものか、使っているうちにできたのか、縦横に走る細かい筋が認められる。凝灰岩は比較的低温で溶けるが、この石器も間違いなく、熱を利用して作られたものだった。

　これらの石器を使っていた人々は、この場所で生活をしていたのか？　それとも、貝などの食料をここで加工していただけなのか？　確かなことは、海とのかかわりがあった生活を送っていたことである。

　退職して20年になるが、私は約30年以上、公園に隣接する弘明寺駅を通勤などで利用してきた。その間、公園では崖面の擁壁が作られ、図書館などの建設が行われていた。そのたびに、私は崖面から姿を覗かせていた石器や貝製品を採取してきた。

　今、それらを手に取り調べてみると、遠い昔の出来事が想像でき、複雑な思いに浸っている。

磨り潰す道具

◆ 磨り潰すための石器

　ひところ、果物から飲み物などを作るミキサーやジューサーなどが、どこの家庭にも置かれていた。過去の世界でも

調理の際、同じように細かく砕いたり、磨り潰したりしていたことが、石器の研究から分かってきた。

　そのような石器は、さまざまな用途に使われていたほかの石器とともに発見されてきた。そして発見された場所も、使われていた時期も関係なく、これらの石器は時代を通じて幅広く発見されてきたのだ。同じ仲間の石器を含めると、日常的でポピュラーな石器だったのか、発見数も比較的多い部類の石器だった。

　当時、海が近くにあり、その影響を受けて堆積した地層と思われるものが近くにあれば、調べてみるのも面白い。もし、その堆積層が氷河期の海進で作られた「下末吉層」と呼ばれている地層であれば、出土が期待できる。その境界付近の層から、凝灰岩や石英系の石ころなどで作られた球形の石器や、擦り面がある扁平の石器などが発見されることがあるからだ。

　物をたたいて砕く道具として、いくつかの形のものがある。その一つである球形の石器の大きさは平均すると大人の拳大のものが多い。このような石器は200万年前のアフリカで作られた「石球」と呼ばれる石器にそっくりである（82頁写真23）。

　また同じようなもので、縄文時代の生活跡からも「磨り石」の一部と思われるものが出てくる。球形の石器もアフリカのものも、そして縄文時代の磨り石も、形だけでなく、熱が加えられて丸い形に作られていた点が共通していた。

　そのほかにも、郵便切手の消印に使われる、縄文時代の撚糸文期に盛んに作られた、スタンプのような石器も発見され

ている。それらは、物を潰す面に傷がなく平らで、本体部分には窪みがあり、握りやすく作られている。

　このように丸い石器もスタンプのような石器も、潰す面と握る面があるため、食べ物などを砕いたり潰したりするために作られていたと考えられる道具なのだ。

　一方、物を砕くだけではなく、さらに細かく磨り潰すために使われていたと思われる、縄文時代の石皿とともに使われた「磨り石」のような、比較的扁平な形の石器もある。しかし、それらにも違いが認められるため、使い方も異なっていたのだろうか。

　そのうちの一つは、磨り面が表面と裏面にあって、交差の状態になっている。また別のものは両面にある磨り面が同じ方向にあるものがある。それらは、手のひらサイズの大きさのものが多く発見されている。

写真22　片面に無数の窪みをつけた表裏交差の磨り石（下末吉層）

そのほかにも、さらに小型のものがある。大きさや磨り面の状態から想像すると、物を磨り潰す時に、手のひらを台として使っていたと思われるものだ。これら、磨り潰すために使われていたと思われる石器は、発見場所に関係なく、共通して凝灰岩で作られていた（写真22）。

　また砕いたり、磨り潰したり、両機能を兼ね備えた便利な石器がある。それらは一つの石器に、それぞれの異なった機能が複数備わったものだ。例えば正月のお供え餅のような形の石器で、表と裏の面で砕いたり、磨り潰したりすることができるものである。砕く道具か、磨り潰す道具かは、判断するのが難しいものが多い。ただ指を掛ける窪みなどがあるものや、磨り面に傷が残っているものでは見分けがつきやすい。

　砕いたり、磨り潰したりしていたと思われる石器は、そんなに珍しい石器ではなく、意外と人が住みついていたところからも見つかっている。石器が使われていたその当時は、物を砕いたり、磨り潰したりして調理加工する生活慣習が日常的だったのだろうか？　それらを明らかにするためには、磨り石とか敲き石だけではなく、ともに使われた石皿や台石などの存在を確認しなければならない。

　一方、縄文時代の磨り面が平らだったり、窪んだりしている石皿や平らな台石のようなものは見つかっていない。多少似ているものはあっても、明らかに磨り傷の残るものや、たたいた跡が認められるものはほとんどない。

　しかし、蒲鉾のような丸みを帯びた表面状態のものは見つかることがある。だだ、それらの表面は台石というよりは、

磨り石状態であり、中には磨り傷のような跡があるものが見つかっている。これらから想像すると、縄文時代の石皿とは異なったものではあるが、磨り石とともに使われていたことも否定できない。

　それが磨り石なのか、敲き石なのか。その確認方法は、石器の表面に残る、磨り減った痕跡の有無にある。磨り面に磨り傷が残っていれば、明らかに磨り石だが、磨り石であっても受け皿などの状態によっては、傷ができない場合もある。傷が確認できないと、判断が困難だ。

　しかし、磨り傷が残っているものもあるのだから、磨り石は存在していたことは確かである。またその形から、磨り石でなかったとしても、敲き石であった可能性は高い。

　以上から判断すると、それらは砕いたり、磨り潰したりするために作られ、使われていたのは間違いない。

　現在、我々の身の回りで使われているそのような道具として、砕くものは、蒸かした米粒を潰して餅を突く「杵（きね）」がある。日本の杵は、ハンマーのように柄が付けられ、振り下ろす力を増す。また、安定性が得られるように作られているため、突いて砕くだけでなく、臼に捏ねることで、磨り潰すこともできる。

　同じような道具で、柄はついていないが、近年までフィリピンなど東南アジアで、籾から殻を除き精米する時に使われている、棒状の杵もある。

　それらは、物を砕くこともできる。石で作られているが、今でも芋類やトウモロコシなどを食文化としている東南アジ

アや南アメリカなどで、同じようなものが使われている。

　磨り石などに残った磨り傷をもっと詳しく調べてみると、面白いことが分かってくる。石器の表面を確認するのに、ルーペなどが必要になる場合もある。それらを使うと、傷の状態によっては、肉眼では見えない細かい傷も見えてくる。傷は磨り面などにスポット状であったり、帯状であったり、ある方向に平行して付いている。

　弘明寺公園のGA地点から出たものは、石器の石材がきめ細かい凝灰岩で作られているため、磨り傷の確認が容易である。石器のどの部分で磨り潰していたのか、調べるのに好都合の資料なのだ。

写真23　石球石器（下末吉層）

　また、台所の木で作られた擂り子木を調べてみると、磨り面中央部分にはスポット状に、周辺部分には帯状に、擂り鉢の溝に触れた時の傷が確認できることがある。

　物を砕く時に使われるスタンプ石器などは、潰す面が平らであるが、台石などに当たった時の傷がほとんど残っていない。丸くなっている敲き石でも、傷の存在は確認できない。

　台になっていたものは、石で作られたものではなく、木製など石よりも軟らかい素材のものが用いられていたのだろうか？　もしも、砕くものが胡桃の殻のような堅いものであれば、石の素材であることが必要条件だ。しかし植物の根や茎などのような比較的軟らかいものであれば、木製の台でも用は足りる。むしろそのほうが、指の怪我の心配もなく安心だ。

　対象物が植物だったのか、それとも海藻や魚介類などだったのか？　砕いて磨り潰せば食べやすくなり、乾燥させれば保存食にもなる。現代人は、鋭く切れる道具の発達で、調理方法も変化し、食卓に出てくる食べ物の変化にも疑いを持っていない。しかし、現代の台所でも当時の調理方法が残っている。それは現代に通じるものなのだ。

　ほとんどの食材は焼くなり、煮るなりすれば、たいていの場合、そのままの状態でも食べやすくなる。もしも味にこだわり、生で食べようとしたり、また保存を試みようとしたりすれば、切るなり、砕くなり、磨り潰すなりして調理加工しなければならなかっただろう。

　最近の食材は加工技術が進歩して、そのまま食べられるものが増えてきた。だが石器が使われていたその当時は、砕く

ことと、磨り潰すことは、日常的な大切な調理方法の一つ
だったのだ。

ハンドアックスのような土を掘る道具

◆ 掘る道具が食を豊かにした

　生きるためには、食事を取らねばならない。それには食料
の確保が必要だ。

　現代人は、食べ物をスーパーやコンビニなどで買うことが
できる。また、わざわざ調理をしなくとも、外食店や仕出し
屋などで食べることができる。

　スーパーでも調理済みのものや、熱を加えるだけで食べら
れる加工食品も置かれている。しかも売られている食料品は、
栽培や養殖技術の発達で、野菜や魚介類、そして精肉など品
数や種類が豊富だ。

　このように、現代の食生活は、自給自足だった過去の生活
と比べると豊かになった。ただ、主たる食品である野菜類や
魚介類などは、自給自足の当時と基本的に変わっていない。
中でも、地中から収穫する根菜類のイモ類や大根、ニンジン、
玉ねぎなどは、今でもその占める割合が高い食品類だ。

　今のように物流が発達していなかった、自給自足だった当
時の日常の食料は、身の回りから得られる限られたものだけ
だ。さらに加えて、狩猟道具を持たなかったため、捕まえら
れる動物も限られた。食料にできたのは、主に貝類や採取で
きる植物、海藻類などであった。

　中でも、秋になると地中から得られる山芋やユリ根などは、重要な食料だった。それらは鮮度が落ち難く、保存するのに適した食材でもあった。今でも自然が残る地方に足を運べば、春には山菜取り、秋には山芋掘りなど当時の食文化を楽しむこともできる。

　地中から得られる食べ物は、今も昔も重要な食料だが、確保するには、土を掘る道具が必要である。したがって、この世に生まれてから今日まで、人類はそれらの道具を求め続けてきた。太古の人々も、石器などを道具として使い、また身近にある役に立つものはなんでも使っていた。ただ、長い年月を経た今となっては、発掘によって調べられるものの多くは、保存の良い石器などだ。

　初期段階の土掘り道具だった石器は、人類が生まれた数百万年前のアフリカなどから発見されている。そして石器はその後も素材や形を変え、また使いやすいように柄などが付けられた。今でも、スコップや鍬などに姿を変えて使われている。

　アフリカの原人たちが使っていた「ハンドアックス」は、代表的な土掘道具の一つと考えられている。だが同じ使い道の道具は、日本国内の古い地層からも発見されている。その名が示すように、握って土を掘る道具だったと思われるが、その多くは、手のひらに入る程度の大きさで、握りやすく作られている。博物館などで調べると、アフリカのものは大きく、国内のものは小ぶりのようだ。

　アフリカで発見されたものの多くは、アーモンドのような

形をしている。表と裏の両面から尖った先端部分、幅広の底部分、そして側面にかけて刃が付けられているのが特徴だ。またそれらの石器は、厚みがある。両面から側面にかけての刃の部分の構造も丸みを帯びているため、鋭利な道具ではなく、むしろ重さを利用した道具のようである。

　大型のものが多いため、両手で握って使ったのだろうか？刃の部分が鋭利だと手を切る心配があるが、丸みを帯びていると、その心配はなさそうだ。今のような医療がなかった当時、命にかかわる怪我を避ける気遣いがあったのだろうか？

　横浜地域の下末吉層と思われる地層から発見される土掘道具は、平均十数センチ前後の大きさで、アフリカのものより小型だ。その形もアーモンドのようなものは少なく、大型のハマグリの殻のような形のものもある。そして刃の部分の形も、台所の出刃包丁のように片方の面に刃が付けられた、片刃のものが半分程度ある。刃の付き方から想像するに、その使い方は突き刺すのではなく、土を削り取るもののようだ（写真24）。やや小ぶりの8cm前後の石器の中には、側面にさまざまな形と大きさの刃が付き、石器本体の中央部分に指を掛けるための窪みが付く特徴的なものがある。それらは、土掘道具の可能性は低いが、おそらく多目的道具の一つだったのだろう。

　土を掘る道具は、植物などの採取生活が盛んに行われていた、その後の縄文時代の遺跡からも多く発見されている。縄文時代の中期には、本体の中ほどがくびれた分銅形の石斧と、一方の先端が尖り、全体が長方形のような形の短冊形石斧な

写真24　土掘ハンドアックス（下末吉層）

ど、代表的な土掘道具があった。

　調査を行った地域からも出土しているが、それらは長さが
10cm前後のものが多い。中央部分のくびれが小さく、分銅形
と短冊形の中間のような形の石斧だった。

　弥生時代の石器は大型であり、長さが20cm以上のものも
ある。おそらく柄を付けることもできたのだろうが、両端に
は異なった形の刃が付いており、両手でも使うことができた
と思われる。

　それ以外にも、土掘道具として使われた縄文時代の土器片

や、近世の土鍋の底の部分を加工したものなどが見つかっている。

　ここで、土掘道具とはどのような使い方があるのか、現在使われている各種のスコップや鍬などを例にとって調べてみることにしよう。

　土を掘る場合、スコップでは先の尖ったものを使い、体重を乗せて、足で地面に突き刺す。鍬では力を加えるため柄が付き、振り下ろして突き刺す。スコップや鍬は、使用目的や土壌の環境によって、幅の狭いもの、櫛状に分かれているものなどが使われている。

　スコップは、刃先が丸いものや直線的な形のものがあり、鋤簾のような比較的小ぶりな掬い取る道具の鍬もある。

　このように、ひと口に「土を掘る道具」と言っても、使用目的によって、さまざまな形のものや刃先の付くものがある。

　例えば、アフリカの分厚いハンドアックスなどは、芝生のような、草が密集して生えるところに突き刺し、草の根や、その下の小動物を確保するのに適した道具であった。また縄文時代の長さが10cm程度の薄手の石斧などは、土を深く掘り込み、山芋などを採取する時に適した道具だったと思われる。

　したがって、縄文時代の石斧には柄が付かず、専ら握って使っていたことが想像できる。その理由は、石器にはもともと柄の付く箇所が作られていなかったからである。たとえ無理やり付けても、突き刺した時、その部分と土との抵抗は想像以上に使い勝手が悪かっただろう。おまけに、泥も付きや

すくなるためだ。

　下末吉層付近から発見される石器も、縄文時代の石斧も、変成岩であるホルンヘルスと凝灰岩で作られたものが半々だ。また、古い下末吉層の石器は、本体が肉厚で、大きな剥離で作られたものが目立つ。縄文時代のものは、全体が薄く作られ、刃の部分も両側から作られている。そして、そのほとんどが、熱を加えて作られたものだった。

　アフリカのハンドアックスも、国内で発見されたものも、土を掘るための道具だった。でも同時に、ほかの目的でも使える多様な用途の石器でもあった。

　これまで述べたように、土を掘る道具は、人類が生まれてから今日まで使われてきた道具の一つである。食料にできるものが、身の回りのみに限られた過去の人類にとって、最も必要とされた道具だったのではないだろうか？

根の皮や貝の身を剥がす道具

◆ ヤスリや鱗落としのような石器も!?

　鋭い刃物がなかった時代。リンゴを食べる時はおそらく丸かじりをし、肉や魚などは焼くなり、なんらかの方法で熱を加えてからちぎって食べていたに違いない。しかし、今日のような生活文化の向上で、ナイフを使えばリンゴの皮は簡単に剥くことができ、食べやすい大きさに切ることもできるようになった。そして肉や魚も、刺身など生で食べられる調理方法が可能になった。

もっとも、極北のツンドラに住むイヌイットの人々は、昔からアザラシやカリブなどの生肉のかたまりを口にくわえ、専用のナイフで切り取って食べる習慣がある。その始まりは、鋭い刃を持つ石器によるものだったかもしれない。食習慣の違いは、時代や場所など、異なる環境と調理方法によるものだ。

　新しい発見は、思わぬところから生まれるものである。私は、地層から掘り出した石器などは家に持ち帰ると、その日のうちに水洗いして土を取り除く。その後、乾いてから石器の適当な箇所に番号を書き入れ、台帳にも記録するのが常だった。調べながらその番号を書き入れる時が、新しい発見に繋がる最大の機会でもあり、期待を膨らませる時でもある。

　地層から取り出した時も、比較的大型のものは現場で確認できることもある。しかし、数センチを下回る小型の石器などは、土などの付着物を取り除いた後のほうが、より詳しく調べることができた。

　調査資料は、多くの場合、大きさが数センチ程度のつまんで使うタイプのものである。

　それらの刃は、大きさや形は異なっても、一枚刃であることが一般的である。しかし、新しく発見された石器の刃は、同じような刃が複数枚、意識的に作られたものが多い。それはあたかも、工具のヤスリや、台所にある魚の鱗落としのようでもある。またそのほかにも驚くことに、刃物とは言い難い、先が丸くなった形の不思議な刃が付く石器が集中的に発見されたところもあるのだ。

　刃が複数枚並ぶタイプのものは、石器の比較的平らな面の
ところに作られているものと、石器の先端や側面に作られて
いる場合とがある。刃が付く状態のイメージは、平らな面に
作られているものは、例えば煮炊きする時に器を乗せるため
の「五徳」のようでもあり、古代中国の青銅器である「鼎」
のような３本足のイメージのものでもある。また側面や先端
に付く場合は、漢字の山の字のように尖った山形状であり、
農機具の「三本鍬」のようなものだ（写真27）。

　前にも述べてきたが、私は大きさが数センチ足らずのつま
むタイプの石器は、人の歯や爪を補助する初期段階の道具
だったと考えている。したがって刃の部分は、三角状に尖っ
たもの、直線状やスプーン状のものなど、１枚の刃で構成さ
れているはずだ。

　私はある発見をしたことで、ますます自分の考えに確信を
持つことができた。一つは、同じような形と大きさの複数枚
の刃が付いているもの。そしてもう一つは、刃物ではないが、
刃の先端が丸くなった石器の存在である。

　人の歯や爪は、それぞれ大きさや形が同じでなく、役割も
異なっている。人の歯の機能は、前歯は物を噛み切るのに適
し、犬歯は噛みつくことができる。そして奥歯は、物を噛み
砕くのに適している。

　爪も１本の指で使う場合と、５本全部で使う場合とでは使
い方が違ってくる。複数枚の刃が付く部分の使い方は、犬歯
や５本全部の爪を使う場合と同じで、「物をひっかく時に使
われた」と想像できるのではないだろうか？

写真26　裏面

写真25　左手を模した山形石器の表面（下末吉層　凝灰岩　長さ3cm）

写真27　山形石器　刃部上部（東戸塚　下末吉層　長さ4cm）

　複数枚の刃が付く石器は、一つの石器においても、またさまざまな形と大きさの刃が複数付く石器にも作られている。

　同様に先端が丸くなった石器においても、一つの石器に単体で作られているものや、複数個作られているものなどがある。複数付くものは、くの字に曲がった両端に付くものにもある。その「くの字に曲がったブーメランのようなもの」については、後のブーメランの項目で述べる。

　複数枚の刃が1ヵ所に付く石器は、数十万年前の古い地層からも、縄文時代以降までの地層からも発見されている。古い地層からのものは、上倉田層からであるが、東戸塚と南区の六ツ川から出土した。また下末吉層付近のものは、やはり東戸塚と南区の弘明寺公園内からのものである（写真25）。それらの地層は、過去に海辺だったと思われる地域である。

　また、先端が丸くなった石器の多くは、弘明寺公園内のGAの場所からの発見だった。やはり、その場所も過去は海辺だったところで、刃が複数枚並ぶ石器と一緒に伴って発見されたものである。古い上倉田層のものは、砂岩に熱を加えて作られたものが多いが、石器の表面は砂岩の特徴であるザラザラ感が残っている。また、下末吉層付近の層の石材は、チャート、ホルンヘルス、凝灰岩などが使われていた。

　この風変わりな二つの刃を持つ石器は、一方は物に食い込む形であり、もう一方のものは、丸く表面が滑らかな摩擦が生まれない形のものである。見た感じは、機能的に相反する作りのようではあるが、意外と大きさが同じであれば、使い

勝手と用途は同じだったかもしれない。特に、形がブーメラン石器のように曲がって先端が丸い石器は、明らかに用途は同じだったと思われる。

　石器が発見される東戸塚の地層は5、6ヵ所あったが、そのうち古い上倉田層は1ヵ所、それより新しい下末吉層は数ヵ所あった。

　その新しいほうの下末吉層から面白い石器が発見されていた。その石器は一つの石器に4種類の異なった刃が作られている。私は「ロゼッタストーン」と名付けた。そのわけは、過程で熱が加えられていたという共通点があったからである（写真28、29）。

　ちなみに名高い本物のロゼッタストーンは、大英博物館が所蔵するエジプトで発見された石板で、一つの石板に同一内容の異なった3種類の文字が刻まれていてエジプトの古代文字「ヒエログリフ」の解明に役立ったものである。

　見つけた石器は、ホルンヘルスか頁岩で作られたもので、長さが5cmの4辺の側面の長さが異なった菱形であった。その4ヵ所の側面には、のこぎりのような刃が付いている。そして平らな側面には、等間隔で刻まれた7本の筋がある刃と、3連続に割って作られた刃が。

　そして一番狭い側面には、今回の山形複数の刃と同じような役割を持つ刃が付くものだった。このような石器の発見はただひとつだが、文献にもない発想に優れた作品である。

写真28　名付けて「ロゼッタストーン」

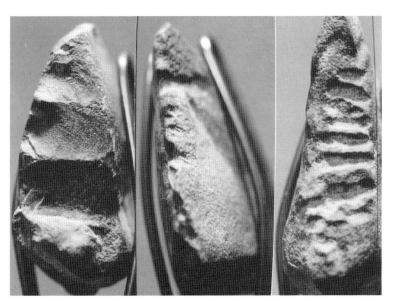

写真29　「ロゼッタストーン」（石器）の三側面

ブーメラン石器

◆ 大きいもの、小さいもの、多機能のもの

　石器の中には、見かけの姿と使い方が異なるものがある。これから述べる「ブーメラン石器」がその一つだ。

　石器の代名詞である、弓矢の先に付ける矢尻や槍の先に付ける槍先は、石器そのものも、そこに付いている刃の部分も、空気抵抗による影響をより少なく、また突き刺さる角度にも工夫が施されている。左右のバランスが図られ、しかも鋭く作られている。矢尻や槍先は、道具本来の目的を果たすために、石器本体の形も、刃の作りと同じように重要な要件の一つになっている。

　それに対して、石器の大部分を占めるつまむタイプの石器では、石器本体の形にも菱形の配慮はされているが、むしろ対象物と接する刃の部分に重きが置かれ丁寧に作られている。したがって、一部の石器では本体部分の形にはあまりこだわりがない。求められているのは、指が滑らないように窪みなどが作られ、つまみやすいように配慮がされていることである。

　前にも述べたが、私はブーメランのような石器に初めて触れた時から、自然の力では作れない、くの字状に曲がった石器に興味を抱くようになった。実際にその種の石器を、多量に発見することができた。私は、それらの石器をいつしか、「ブーメラン石器」と呼ぶようになっていた。

　発見したそれらの石器のほとんどは、数センチ大の大きさ
のものが多かった。この石器の特徴は、石器本体がブーメラ
ンのように、くの字状に湾曲していること。そして、両先端
部に刃などが付き、抉られた側縁部および反対側の突き出た
側縁部にも、部分的に刃が付いていることである。

　さらにその多くで、本体の中央部分に指先が収まるように、
滑りを止めるための窪みが作られている。使われている素材
は、石器が発見される地域で手に入れやすい石材であり、凝
灰岩、チャート、ホルンヘルス、および砂岩などだった。中
には、植物の根に付着する褐鉄鉱の仲間や土で焼かれた土製
品など、石ころ以外の素材で作られたものもあった。

　ブーメラン石器には、さまざまな箇所に、さまざまな形の
刃が付いている。例えば、両先端部には、三角、四角などの
尖った形の刃やスプーン状、丸い球状のものが。そして、前
にも述べたように、複数枚で山形状の刃が付くものがあった。
湾曲した両側縁部にも、部分的に刃が付くものがある。分類
調査では、おおよそ五つのタイプが確認できた。

　このような石器は国内だけでなく、海外でも発見されてい
る。

　国内では、上倉田層や下末吉層付近の古い地層からの発見
がある（写真30、32）が、日常的に親しまれていた道具で
あったらしく、その後の縄文時代の石器や土器片の中からも
発見された。さらに驚くことに、そう遠くない新しい時代の
瓦を使って作られたものもあった。この石器は、人類が石器
を使い続けていた間、作られていたことが分かった。

写真30　ブーメラン石器（東戸塚　上倉田層）

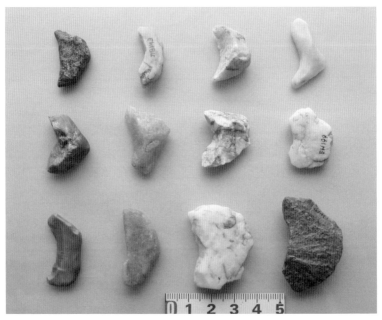

写真31　ブーメラン石器（中国　内モンゴル）

　海外においても同じようにこれらの石器が作られていたことを、現地を訪れ確認することができた。隣国の中国に旅した際は、その行く先々で、過去に湖だった広がる乾燥地の光景を目にしたが、湖だった当時、人類が長い間住みついていたそれらのところで、風で土が飛ばされ、地表面から埋もれていた、当時、使われていた石器が姿を覗かせていた（写真31）。

　石器の形や石質を頭に描き目ぼしい石ころを拾い上げると、それらの中にブーメラン石器が混じっていることがあった。また現地の博物館でも、発見されたそれらの石器を実際に見ることができた。

　中国は、北京原人など過去の人類が栄えた国である。また、それらの古人類が日本国内にも移住していたと思われる国の一つでもある。

　拾い上げた石器の多くは、現地の石ころが使われ、石英や石英の仲間である碧玉などで作られていた。ルーペで調べてみると、ブーメラン石器の特徴を備え、基本的には国内の石器と同じだった。

　私は、中国の乾燥地で同じような石器が発見されることに驚きを感じた。以後、中国を旅する時はもとより、エジプト、トルコ、ウズベキスタンなど、シルクロードに沿って人類が移動したであろうと思われる国々を訪れた時は、注意深く、ブーメランの形をした石器や土器片を探し求め、その存在の確認を欠かさなかった。

　その結果、行く先々での好奇心と努力が実を結んだ。残念

ながら地表面のものがほとんどで、作られた時期の確認は、一部を除き困難であった。だが、特徴である指を掛ける窪みなども確認され、その存在を知ることができた。

　国内外の調査で、これらの石器は人類によって常に作られ、使われていた石器の一つだったことが明らかになった。その当時の世界、そして時間の経過とともに繰り広げられた世界。それはまさに、時空規模で作られ、使われていたのだ。その量は膨大であったろう。

　ブーメラン石器は、道具としてどのような目的で、どんな時に使われていたのだろうか？

　長さが数十センチ大のものから、１cmに満たないものがある。大きさの違いがあることから、形は似ているが、用途がすべて同じだったとは考えにくい。しかし、チャートや土製品などで作られた、素材の違いによる用途の違いはなさそうだ。

　ただ、この石器は面白いことに、本体中央部分に指先を掛けるための窪みが作られているため、おおよその指の動きや使い方は想像できそうだ。構造は、石器の中でも比較的特殊な形に作られているほうである。ほかの単純なつまむタイプの石器同様に、多目的に使える道具だったのであろうか？

　北京の博物館には、異なる形のブーメラン石器が展示されていた。一つは、凹形にくぼんだ側縁部に刃が付いたもの。もう一つのタイプは、凸形にふくらんだ側縁部に刃が付いたものである。

　それらはいずれも、「スクレイパー」（専門用語で削器や掻

器など）として分類されていた。興味を引いたのは、一つの
石器でありながら、二つのタイプの特徴を兼ね備えていた石
器があったことである。そして、両先端に付く刃の部分には
言及していなかったことだった。スクレイパーとして分類さ
れていたので、対象物を剥がしたり、擦ったりして使われた
と想像されている。海辺とか、湖の岸とか、いずれも水辺
だったところから発見されることが共通していた。

　前に述べたが、弘明寺公園内GAの石器が露出している地
層から、今までに多量のブーメラン石器が発見されている。

写真32　ブーメラン石器（東戸塚　下末吉層）

中でも多い、数センチ大のつまむタイプのものを調べると、両先端が丸い球状のものや複数枚の刃が付く山形状の刃を持つものが多かった。

　それらの両先端部分が球状に丸くなったものを調べると、その部分の大きさもそれぞれ異なっている場合が多いため、単独で交互に使われていたことも考えられる。しかし、径が５㎜前後であることから考えると、単独の刃の部分だけでは、用をなすには小さすぎる。そのため、両端を同時に一つの対象物にあてて使われていたとも想像できそうだ。

　いずれにしても、現代の高度化した道具と比べると、当時の石器は作りや使い方も素朴で、単純である。それゆえ用途が定まっているのではなく、多目的に使えるものだったと想像されるのだ。

木の枝で作られた道具

◆ 木製品もあった！

　過去の人々によって使われていた道具は、石で作られた石器だけではなさそうである。と言うのも、発掘によって、信じられないほど長い年月を経た古い地層から、木製品と思われる道具が発見されたからだ。木で作られたものは、石などと違って、時間が経つと消えてなくなってしまうと考えるのが一般的だ。しかし、木製品を包んでいたのは、保存条件に恵まれた、数少ない地層だった。

　発見された場所は、前にも述べたオフロードバイクの練習

場所だった横浜市東戸塚である。年号が平成に変った当時、その地域では、大規模な造成工事が行われていた。江の島方向へ流れる柏尾川の支流である品濃川の上流地域であるが、工事前の地形は、小規模な二つの川に挟まれた小高い丘が連なっていた。地盤は、上総層と呼ばれる層の上に、箱根火山系の多摩層や下末吉層などが重なった、横浜西南部に広がる典型的な地層である。

　上総層は、首都圏の基盤となっている地層である。その生い立ちは、日本列島の誕生に関係がある。海底プレートが列島に入り込みできた中央構造線と、西と東に列島を分けるフォッサマグナと呼ばれる割れ目が交わるところの海に溜まった、火山性の厚い層だ。砂よりも細かい粒が固まってできたため、水を透さない粘土質である。

　丘の掘削で地層の様子が明らかになったが、下位の上総層の状態は確認できなかった。しかし、その上にあった多摩層の一部は、その後に起きた地殻の変動によって各所で断層が認められ、地層の構造が大きく変化していた。また、その下にあった木製品を含む上倉田層も、例えば、「お椀の底」のように、中央部分が沈下によって低くなり、水が溜まりやすい構造になっていた。そのため、水分を多く含む青灰色を呈した地層は、太陽の光を受けて輝いて見えた。

　下にあった上倉田層全体に目を移すと、その表面には、同じ厚さの等間隔に広がる数枚の黒い層と、同じように、その黒色層に挟まった数枚の白色の層が目に入ってきた。黒色の層は、木の枝や葉などが堆積して炭化が始まったものだった。

また、白色の層は、箱根火山の軽石が溜まって、その後に風化したものだった。

　木製品が発見されたのは、多摩層でも、下部に位置する古い上倉田層だ。地球の温暖化で陸上の氷河などが溶け、海水面を上昇させていた世界的な第二間氷期当時に堆積したものと思われる。川から真水が流れ込む環境の汽水性の海だったその付近は、海面が上昇するにつれて、次第に海水に覆われていったところである。したがって、海に関係がある貝の化石や漂流木なども、その上下の地層内に閉じ込められていた。

　貝化石は、木製品が発見された層の上位の層にあった。化石の層があまりにも薄かったため、貝の生息していた期間は限られていたと思われる。貝殻そのものは既に消えてなくなり、周りに付着していたと思われる土には、比較的温暖な海に生息するハイ貝の化石が残っていた。その貝化石の存在は、付近の地層が、海水が上昇していた海進期に堆積していったことを物語っているもので、地層の古さを知る物差しでもあった。

　それらの地層は、海水に漬かっていた過去を持っている。海水の成分を今日まで閉じ込めていたため、近づくと風に乗ってほんのり潮の香りと、硫黄のような異様な臭いが漂ってきた。

　そして日を改めて、再度その場所を訪れたところ、乾きかかった地層下部の表面には、塩のような白い物質の結晶が一面に噴出している様子が認められた。塩ではないかと頭の中にはひらめいていたので、興味を感じ、それらを手に取って

舐めてみた。すると思っていたほど味は濃くなく、かすかに塩辛さが残る程度だった。

　臭っていた硫黄の香りは、なんだったのか？　箱根とはだいぶ距離があるが、火砕流でも起きていたのであろうか？　謎が残った。

　地層の現在の海抜は、約50m付近である。そのため、地殻変動が起きて海水が溜まったのは、その後の下末吉海進の可能性もあるだろう。しかし、いずれにしても、気の遠くなる遠い過去の時代から今日まで、長い間、海の痕跡である海水成分などが残っていたのは驚きだった。

　また、炭化層や木製品が残ったのも、その要因は特別な地層構造にあった。木製品は、上倉田層の硬くしまった地層から発見された。包まれていた土には、泥のところと砂が混じったところがあった。黒色の炭化物層の上であるが、大部分は黒色の炭化層から独立していた。しかし、部分的に接していた箇所もあったので、当時の生活の場がその木の炭化物層となんらかの繋がりがあったのかもしれない。

　木製品が残った理由は、それらを包んでいた地層が水分を多く含み、空気中の酸素が遮断されて、還元状態が長らく続いてきたからである。しかし還元状態だった地層も、工事によって姿を現し、外気に触れると空気中の酸素と降り注ぐ太陽光線によって、日増しに酸化の速度が進んだ。再度、その場所を訪れると、地層は青灰色から赤褐色に変化していった。

　木で作られた道具である木製品は、その場で一緒に発掘された石器と爪痕が残る土製品などと接していた。石器は2㎝

前後の砂岩で作られたものが多かったが、4000点を超えていた。しかし、それに比べると木製品は数が少なく、50点前後だった。

　木の材質は、松、杉、コナラなどで作られていた。発掘直後の状態は、かなり長い間、埋もれていたにもかかわらず、水分を多く含んでいたため、見かけは保存状態が良好で、埋もれた当時の姿を留めていた。枝で作られたものは、未だ緑色のイメージを感じさせるものもあった。

　しかし、掘り出されたそれらは日が増すごとに水分が抜けて、さらに乾燥が進んだ。私は今まで停止していた時間が、再び動き始めたような感覚に陥った。木製品は、一気に数十万年を経た姿へと変わり果ててしまった。

　小型の木で作られた製品は、木の持つ性質もあり、環境次第で、加工や使用した痕跡が残りにくいものである。熱を加えて作られた石器や人の爪痕が残る土製品は、それらの痕跡が残るので、人との繋がりが分かりやすい。しかし長い間、水に漬かり、内部組織

写真33　木製品（上倉田層）

の一部が壊れた木製品は、人が残した痕跡を見つけ出したり、保存したりするのは容易なことではない。

　発掘直後の木製品は、数センチから大きくても10cm程度だった。加工が確認できたものは少なく、数点だけだった（写真33）。ほとんどは手頃な大きさの木の端切れで、先端を尖らせた程度の加工である。中には木を割って作られたものもあり、先端がヘラのような形に擦り減ったものもあった。

　発見された木製品が、人と関係があったと推測できる理由は二つある。石器や土製品と同じ場所から一緒に出てきたこと。その場所からは、ただの木の欠片はもとより、ほかに自然石や泥の塊などはほとんど出てこなかった、ということである。

　実は同じ場所からは一緒に、温帯（？）に生息するワニの歯が1点だけ発見されていた。国内の古い地層から加工が施された木製品の発見されたほかの例として、明石原人で有名な兵庫県の西八木海岸からの出土がある。戦前、その場所で発見された、原人と思われる古い人骨に関する確認のための発掘現場からである。

　調査は国立歴史民俗博物館によって行われたが、木製品は30cm大の、桑の一種であるハリグワの幹を割って作られていた。発見された地層の年代には幅があり、正確な年代は明らかでないが、リス間氷期からウルム氷期が始まった頃と判明している。もし、埋もれた状況が同じで、一緒に出土した石器や土製品があったのであれば、研究の参考に是非、手に取って調べてみたい気持ちである。

発掘した木製品の保存には、困難を伴った。素人考えで保存液体を使い処理したが、時間が経ち乾き始めると、組織が破壊され、炭化した粉に変わってしまった。原因は、木の中に蓄積していた塩など、海の成分だった。

そのため、残った木製品は半分程度の20点に減少してしまった。そして、その残ったものも乾燥が進むにつれて縮小、変形し、発掘直後の姿は失われてしまった。知識に欠けた薬剤の使用は、取り返しのつかない事態を招いた。

"覆水盆に返らず"のことわざのとおりになってしまったが、残った木製品を調べることが、今後の課題として残った。

貝殻を使った道具

◆ 主にマガキが使われていた

北太平洋の沿岸に生息するラッコは、繁茂する巨大昆布のアワビなどを捕獲して、石を使って腹の上で割って食べる習性がある。道具を使い、貝類を餌とする生き物だ。

貝類は環境条件に適合し、生息域の広い生物である。特に、人間が生活を営む内外の水辺などでは、食料に適した貝類が多く生息しているため、歴史的に人類の大切な食料の一つになってきた。

それらを裏付けるように、不要になった貝殻が捨てられた縄文時代などの貝塚は、身近なところで採取された貝類の殻で占められている。また現在、食品スーパーなどに行けば、アサリやシジミが、生産と流通の発達によって、ほぼ年間を

通して売られている。貝類は今でも、我々にとってなじみの深い食材である。

　不用になった貝殻は、現在ではその一部が再利用されているが、昔はほとんどが捨てられていた。しかし貝殻の種類によっては、美的に活用できるものは装飾品に。堅くて丈夫なものは、道具として使われてきた。実際に、保存状態に優れた貝塚など、過去の遺跡からは、装飾品や道具類が発見されている。

　貝殻の利用は古い。7、8万年前のアフリカ南端の洞窟遺跡から、美しい貝殻で作られた首輪が発見された。国内の縄文時代の貝塚からも、貝殻で作られた腕輪などの装飾品が発見されている。また、道具として作られた代表的なものとしては、10cm前後のハマグリやウチムラサキの貝殻が。そして小型のものでは、シジミなどの貝殻を使って作られた「貝刃」と呼ばれる道具があった。

　ただ貝刃は、滑らかな貝殻の周りの縁を割って刻みを入れたものであるが、刻みが作られていないものも発見されている。それらは一見、手が加えられていない、ただの貝殻と思われる。しかし道具として使われた時の爪痕が特定の箇所に残っているため、道具として使われていたものと思われる。

　同じように、貝塚からは旬の時期に特定の貝を採取し、まとめて捨てられた貝殻に混じって、マガキやカガミガイなどを割って道具として使っていたと思われるものが一緒に発見されることがある。これらの貝殻片は、石器と同じように、使われた箇所に刃部が作られている。また特定の箇所に、

使った時の爪痕が付いている場合が多くある。

　貝殻には、巻貝や1枚貝、2枚貝など、多くの種類がある。その中でも美しく、道具が作れるものは、太平洋地域の海洋民族などによっても、近年まで装飾品や道具として用いられてきた歴史がある。

　このように貝殻は、人類にとって、道具の大切な材料の一つでもあった。

　貝殻で作られた道具が発見されるのは、アフリカ南端の洞窟や、縄文時代の貝塚に限ったことではない。石器と同じように、リス氷期が終わりを告げ、下末吉海進などの海面上昇期に堆積した横浜西南部の地層からも発見されている。背後に丘陵を抱えて、湧水などの供給を受ける、濡れた状態の地層があるところからである。

　道具を包んでいた土は、シルトや粘土などの細かい粒子のところや砂混じりのところである。出土状態の違いはあっても、いずれの場所でも、石器が一緒に発見されている。

　道具の材料として使われていた貝殻の種類は、主にマガキである。マガキの殻は、成長とともに殻層の厚みが増すが、堅いのは殻層の表面と、2枚の貝殻が合わさる殻頂の部分、そして貝柱の付く部分だけである。したがって大型の貝で道具が作られる時は、それらの堅い部分が用いられていた。若い小型の貝殻は、堅い部分の占める割合が比較的高く、道具を作るのに適していたため、数センチサイズの小型の道具を作る時に多く使われていた。

　マガキで作られた道具が発見されたところは数ヵ所あった

が、その中でも多く発見されたのは、東戸塚の下末吉層の
BVと名付けていた地層である。その地層の現在の高度は、
約50mと思われる。マガキの道具は、やや北側に傾斜した
平らな多摩層と思われる地層の上に、石器とともに広がって
埋もれていた（写真34）。覆っていた土は海水などに洗われ
た状態で、部分的に砂に覆われたところもあった。

　その場所からは、大小5000点近くの石器が発見されてお
り、マガキ貝製品も500点前後を数えた。その多くは数セン
チ大であったが、一方の先端を切断するように直線的に折ら
れている。その状態は各時代の石器でも多く見られるように、
将棋の駒の頭のような三角形に作られたものだ。

写真34　マガキ貝製品（東戸塚　下末吉層）

同じ場所から縁の部分が剥離によって作られた、チャート製の石器に似たものが発見されている。これがまさに同じような作り方で、貝柱が付く部分を使い、周りの縁を切断した長径8cm大のマガキの道具である。形がハマグリの殻のようで、面白い一品だ。

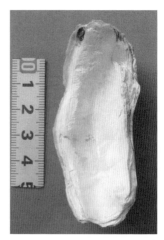

写真35 マガキ貝製品（東戸塚）

　マガキの貝殻は、外側は堅いものだが、内側は比較的軟らかい。一旦、天日にさらされて、乾燥すると脆くなり、さらに水に濡れると爪痕が付きやすくなる。したがって、使われたマガキ製品には、その多くに爪痕が残っている。マガキ製品は、その場限りの道具だったと思われるが、人が使った証拠にもなり得るものであり、研究の資料として重要である（写真35、36）。

　下末吉海進期のマガキで作られた道具は、このほかにも、京浜急行線の弘明寺駅近くの弘明寺公園内南図書館建設時にも、掘削壁面から出土している。また、井土ヶ谷駅北側の斜面を削ったマンション建設現場からも、相模川が一時期、この付近を流れていた時代に堆積した礫層の上から発見されていた。

　弘明寺駅近くのものは、２枚の貝殻が合わさる箇所の堅い部分を使ったものである。井土ヶ谷駅北方の保土ヶ谷礫層上のものは、それらのほかに、手頃な大きさの貝殻を大きく

割って使われたものだった。そして、その多くが爪痕付きの
マガキ製品だった。

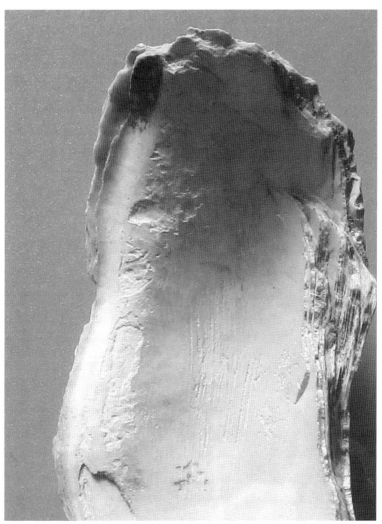

写真36　爪痕が付くマガキ貝製品　前頁の拡大（左側が爪痕）

ワニの歯で作られた道具

◆ 関東にワニが生息していた!?

　前の項で述べたが、私は、木の枝で作られた道具を発見した東戸塚の上倉田層BTから、大型ワニの歯も発見していた。その歯は、現在、暖かい東南アジアの水辺に生息しているワニに似ているものである。それも大型のワニの歯だった（写真37）。それまで関東地域では、ワニの歯は発見されていなかった。博物館で化石を調べて、それがワニの歯であったことを後で知り、たいへん驚いたわけである。

　発見したのは、平成6年5月の連休が明けた数日後のことだった。その当時、新たな地層を発見した現場に、石器を探すために足を延ばした時だ。

　道具を準備し、古く固い地層を掘ろうと、最初のハンマーを振り下ろした瞬間だった。ハンマーによって固い土が剥がれると、目の前に、突然白い色の巻貝のようなものが現れた。それまで、その地層からは数多くの石器や土製品を発見してきたが、今回のようなものは初めてだった。出てきた化石は、私が発見した最初で最後の化石であるが、その姿を見た時、私は落ち着きを失い、相当興奮した記憶がある。

　稀な化石の発見でもあったが、このような思いは、発掘を経験したものでなければ、味わうことのできない感動かもしれない。その地層には遺物が確実に埋もれていることが前もって分かっている場合でも、現実に突然姿を現すと、期待していたことの実現に、その興奮は抑えきれないものだ。

　私は、高ぶる気持ちを落ち着かせた。慎重に目の前に現れた物を取り上げると、残念ながら、既にハンマーの衝撃が加わっていたのか、化石の先端部分を中心に破損して剥がれ落ちてしまった。もし固い地層を掘る場合は、無理なく掘ることができる「魚沼ハンマー」など、専用の穴掘り道具を使えばよかったのだが。その時は持ち合わせていなかったため、代用品として、岩登のハーケンを打ち込む際の先の尖ったハンマーを使っていた。

　終わった後で気付いたが、後の祭りだった。せっかく見つけた化石も台無しになってしまったと思われた。私は、調査や発掘を行う時、一人での行動が多かった。発掘もまた、記録もすべて自らが行っていた。その時も、記録として優れているスライド用ポジタイプフィルムを用いて写していた。カメラで写す時は、発掘している時にはめていた土で汚れた手袋をその都度外していたため、一つ一つの作業がスムーズに行えず、面倒であった。

　破損した化石は、どこまで復元できるのか、その時は不安ではあった。しかし、割れた破片の主なるものを拾い集めてみると、意外と復元できそうな感じでもあった。それは、「やって見なくちゃ分からない」。まさに、一つの賭けだった。

　一抹の不安を抱き、残りの化石の細かい破片を丁寧に拾い集めた。そして崩れないように、ティッシュペーパーに包んで自宅に持ち帰った。今、当時のことを思い出すと、驚くことに、復元作業はその日のうちに始めていた。急いでいたのは、その化石の正体を知りたい一心だったからと思われる。

復元作業は、これまでの経験を活かし、補強剤と接着剤を用いて行った。作業は、当初考えていたよりも意外と順調に運ぶことができた。そして幸運にも、化石の正体が分かる範囲の、１ヵ所の細かい割れ目が残るだけに復元することができた。

　作業が終わって、その化石を手に取ってみる。すると、発掘した時は中空の巻貝などの化石とばかり思っていたものは、それらよりも重量を感じ、明らかに巻貝とは異なっていた。復元の時もわずかに感じていたが、より詳しく調べてみると、その形はアザラシかオットセイなどの海獣の牙のようでもあった。

　ほぼ元の姿に復元できたので、化石である歯の本来の持ち主が調べられそうな状態にまで戻った。残すは、歯の化石を調べ、正体を解明するだけだ。どのような動物の歯なのか？　その動物さえ分かれば、この場所で石器を使っていた人々の情報を知る糸口が見つかりそうだった。

　ふとその時、想像が膨らみ、さまざまな光景が頭に浮かんだ。例えば、歯を持ち歩き使っていたのは、海洋民族なのか、狩猟民族なのか？　歯は単独で、横になっているのを見つけたのだが、自然な状態で亡骸となって、歯だけが残ったとは思われないのだが。

　それらを考えると、そこで生活を営み石器を使っていた人たちが、歯の化石も残したものと、高い確率で考えられた。それ以外は困難である。歯の正体の解明は、過去にその場所で生活を営んでいた人々の実態を調査する手がかりにもなり

そうであった。歯の調査は、自分で博物館の骨格標本を見て調べるか、それが無理なら専門家に委ねる以外に方法はなかった。

　私は数日後、上野の国立科学博物館を訪ね、オットセイなどの海獣の標本を調べようと試みた。館内を見回したが、調べられるような標本は探し出せなかった。仕方なく、その足で博物館の窓口を訪れ、専門家の鑑定に期待を残して、調査をお願いした。

　待ち望んだ鑑定の結果は、依頼から１ヵ月余りで博物館から自宅に送り届けられた。その結果を知って驚いた。人類が生活していた古い地層から出てきた歯の正体は、数メートル大の大型ワニの歯だったのである。

　その歯の大きさは、底辺部が直径２㎝、長さが３㎝程度の円錐形で、ワニの歯とは思えない。あまり尖ったものではなかったが、歯の表面には縦方向に無数の筋があった。専門家の意見では、オットセイなど哺乳類の牙にはない縦方向の筋があるので、恐竜の歯か、ワニの歯に間違いないとのことであった。

　しかし、１億年前の恐竜の歯にしては新しすぎるし、地層は数十万年前のものなので、恐竜のものではないことは明らかだった。したがって鑑定どおり、それはワニの歯だったのである。

　歯を発見したこの年と翌年は、公私にわたって出来事が多

かった年である。父は、私が4歳の時、奇しくも広島に原爆が投下された翌日にフィリピンで戦死したのだが、私は歯を発見した年に、NHKの戦後50年の特別番組に先駆けて作られた「太平洋戦争・私の遺書」の番組収録と放送に協力した。年明けには、阪神淡路大震災による業務の増加や、勤務地近くでの地下鉄サリン事件の発生があった。そして私事であるが、職場の勤務成績に対する東京都の局長表彰と人事異動。それに長女の結婚と、母親のくも膜下出血による救急入院、死去など、忘れられない出来事が多く続いた。

　ワニの歯の発見は、入院中の母の看病の合間に、2台目のバイクとして購入したホンダのクラブマンにまたがり、相変わらず現場に足を延ばして調査を行っていた時だった。

　母の病状に回復の兆しが見られない中、重苦しい精神状態を少しでも紛らわしたい思いもあった。そして、何事も行動を起こせば、なんらかの収穫が付いてくるものである。

　ワニの歯を発見してから4ヵ月後に、同じ箇所から再びワニの歯の出現かと思わせるような、たいへん似ている石器を見つけた（写真37の右、写真38）。

　水洗い後に詳しく調べると、ワニの歯と同じように、底部全体が窪んだ、歯より少し小ぶりで、熱でガラス質になったチャートか凝灰岩製と思われる石器だった。その石器の底部は菱形で、3ヵ所が盛り上がっていた。このような形の刃部を持つ石器は、前にも述べたが、この場所から多く見つかっている形の石器である。底部以外の全体の形は、驚くことに、

写真37　ワニの歯（左）と烏帽子石器（右）

写真38　ワニの歯の隣で発見した烏帽子に似た石器（長さ2.5cm）

見れば見るほど、鎌倉や室町時代の侍がかぶっていた烏帽子にそっくりなのである。

　表面をよく調べると、金属を加工する時の鍛金の手法を思わせるような、無数の押圧した跡が確認できた。左右のバランスが整った形に作られている。おそらく、このような作品を作るのには、現在でも高度な技術が必要なのではないか？当時の技術水準の高さは、想像以上だった。

　私は、ナショナルジオグラフィックを購読しているが、前々号で、アフリカにおいて人類出現以前の太古に生息していた、ワニの全骨格化石の発見を読んでいた。その影響を受け、私もワニの歯の発見を投稿しようと考えて、応募した。

　その結果、思いがかなって、同雑誌の2002年2月号に、歯の写真と発見された地層の写真2枚とともに記事が載った。ただ、自然科学分野に関する内容だけであったので、研究分野の石器など、人とのかかわりの内容が記事にならなかったのは残念ではあった。しかし、人類出現後、関東以北でワニの歯が発見されたのは初めてだったので、応募した意義はあった。

　生息時期や種類が同じようなワニの歯は、大阪大学の敷地からも発見されていた。6.5mとも、8mともその大きさは言われている。しかし私が発見したワニも、記事のコメントを行っていた専門家によると、歯の大きさから判断してそれに次ぐ大きさだったらしい。

　大阪で発見された地層の古さ、ワニの大きさなど共通して

いるところがあること。ワニの生息できる気温は20度以上
だったとの説もあること。そして石器、爪痕が残る土製品、
木の枝で作られた木製品などを伴って出土していること。
　これらを考えると、ワニの歯の発見は、我ながら大きな成
果だった。

人面をかたどった石器

◆ 何に使われた？　人面石器

　マガキで作った貝製品や石器など、6000点に及ぶ道具が
発見された東戸塚品濃の工事現場BV地点から、人の頭部を
思わせる石器が発見された。出たのは1点だけだったが、特
に顔面部分は、それぞれの角度から見ても驚くほど人の顔に
似たものだった（写真39、40、41）。
　顔面の高さは4cmで、頭部を含めた前後の長さは5.5cm程
度の大きさで、それほど大きくはない。元となった石材は、
チャートのような自然礫だったと思われるが、それらに熱が
加えられて作られていた。
　人の顔と思わせる主なる特徴は、大きく張り出した鼻のよ
うな部分である。その形は博物館に展示されている、復元さ
れたネアンデルタール人の鼻にそっくりなのだ。そして、そ
の下に作られたへの字状の口のようなものが、さらに人面ら
しさを表現している。
　表面をよく見ると、チャートのような礫が使われ加熱状態
で、なんらかの器具によって押し付けた窪みが残っている。

写真 39　人面石製品　右顔面（下末吉層）

写真 40　正面

写真 41　左顔面

人によって作られたものであることには間違いないが、その作られた窪みも、目が付いているかのように見える。それが一層、人の顔面のように感じられるのかもしれない。

　見つかった人の顔らしきものが、果たして意図的に作られていたものなのか？　それとも、ただの道具として作られたものが、たまたま人の顔に似たのか？　興味を引く問題である。

　人を模った作品は出土例も多い。国外では、現代人の直接の祖先であるクロマニヨン人によって作られたものなどがあり、それほど珍しくはない。しかし、ドイツで発見された35000年前のマンモスの牙で作られたヴィーナス像と、それらよりも後で作られた、オーストリアで発見された石灰岩の一種で作られたヴィーナス像などが有名である。

　それらには、顔面の表現は省略されているが、当時の人々の日常の生活での多産や豊穣などの願望を、豊満な乳房や大きな臀部などを彫ることで、意図的に誇張して表現されている。思いが彫られたそれらの作品は、6㎝と11㎝程度の大きさである。その形からも、精神面での思いを満たすために、日常持ち歩いていたものと想像される。道具として作られたものではなさそうである。

　国内でも、三重県と滋賀県の早い時期の縄文時代遺跡から、同じような人物像が発見されている。それらは土を焼いて作られた土偶であるが、7㎝と3㎝大でヨーロッパのヴィーナス像と同じような、女性の胴部だけの像である。

　またほかにも、時代が下った縄文時代のものが、長野県で

発見されていた。「縄文のヴィーナス像」と呼ばれている全身像である。これらも一般的な物を作るための道具ではなく、精神文化を支える道具だったと考えられている。

　それでは今回発見された、人の顔にそっくりな石製品も、精神的な活動を目的に作られていたのだろうか？

　作られた時期も、前者とくらべるとより過去の時代にさかのぼる。しかも、たとえ作りやすい形の石ころを探し出して作っていたとしても、熱くて扱いにくい、困難を伴う加熱状態で作っていたはずだ。作り方や技術面を考えると、後の時代になって作られたヴィーナス像と比べても、思い通りに作るのは困難だっただろうと思われる。

　既に述べてきたが、過去の人々が使った石器などの道具は、一昔前の家庭の台所でも使われていた。潰したり、皮を剥いたりするためのシンプルな道具と、それほど変わりはないものであった。刃の部分はさまざまな形をしていたり、飛び出ていたりはしているが、ものを潰したり、皮を剥いたりする便利な道具だった。

　見る角度によっては、顔のように作られていた石製品も、ある目的で道具として作られていた石器と変わらない面もある。主たる製作目的は、一般の道具としての石器だったかもしれないのだ。と言うのも、道具としての石器は、使われる部分が飛び出たり、切れ込んだりしている場合が普通である。したがって、鼻のように飛び出た部分は、道具として使うことができそうである。

　鼻のような形の飛び出した部分を持っている石器は、ほか

の場所からも発見されている。南区内の弘明寺公園の一角にあるGPという箇所の、石器がたくさん含まれている地層などからである。凝灰岩礫の頭部分に鼻の形の突起が二つ付いたものなどであり、これらは、凝灰岩礫に熱が加えられた、まさに人の手によって作られたものだ。石ころが道具として作られた、石器本来の持つ三角錐部分そのものである。

　刃そのものは、使いやすいように作られる。でも作っている最中に、日頃から頭の片隅に考えていた事柄が、作りかけていたそのものと偶然、重なることもあったろう。

　古代人の思いが、その作品に透けて見えるのだ。

子宝を願った石器

◆ こけしのような形の石器

　棒状で、握って使うタイプの石器などには、道具として使われる反対側に、なんらかの意味をもつ飾りのようなものが作られている場合がある。

　例えば、フランス南西部の洞窟遺跡から発見されたもの。それは動物彫刻の施された、骨角製のブーメランのような形の、槍を投げる時に使われた道具だ。また、古代インカの遺跡から発見された、儀式用のネコ科動物の頭部が付いた石臼の擦り棒やリャマの頭部が付いた青銅製の刃物などもある。そして国内でも、古代の太刀や日本刀の柄頭に取り付けた飾り物などがある。

　これらは、道具としての機能面では不用と思われるもので

ある。だが、わざわざ作られた背景には、単なる思いつきだけではないものがあったろう。日頃から抱いていた、なんらかの精神的な思いが表現されたことが、作品そのものから感じられるのだ。

　これから紹介する石器が見つかったのは、前項までに説明してきたさまざまな石器の中から発見されたものである。そこには、なんらかの思いが詰まっているのだと感じたい。相当古いものであり、例に載せたものとは、かなり時代的に隔たりがある。

　発見されたのは、道具として使われた棒状の石器で、使う部分の反対側の先端付近に、表現のために作られた窪みやくびれなどがある。それらの形を見る限り、男性の生殖器を模したものと想像される。

　このようなものは、国内外を問わず、古くから子孫繁栄、五穀豊穣などの民俗行事的な関係で知られてきた。しかし発見された石器は、出てきた地層から判断すると、それらよりもかなり古い時期のものである。果たして、気の遠くなるような過去の世界で同じような考え方が芽生え、既に存在していたのであろうか？　そう考えると興味深い事柄である。

　当時の生活環境を想像すると、今日のような進んだ文化や整った環境は夢の世界であり、また医療技術にも期待が持てなかったはずである。したがって、出産からその後の成長過程において、病気や事故から身を守ることは困難で避けられなかっただろう。だから死亡率は現在と比べて、相当に高かったはずだ。

　これらの事実を知るには、事が太古の世界だからと言って、まったくあきらめることはなさそうだ。推測であるが、知る手掛かりが記録として残されていたのだ。

　私はめったにない、恵まれた体験をした。それは新宿の国立科学博物館の別館で行われた、江戸時代の遺跡から出た人骨を使った講座に参加できたことだった。

　同館の当時の人類研究部長だった馬場氏によって行われたものであるが、その中で、研究者である五十嵐由里子さんの研究論文について説明された。それは、北海道の縄文時代の遺跡から発掘された、女性の腰骨から分かった妊娠の回数についての調査だった。骨盤に残る傷の数で、妊娠回数が調べられるという興味深い話だった。

　その調査で分かったことは、北海道の縄文時代の妊婦で5回以上妊娠していた個体数は、調査した資料全体で4分の3の割合を占めていた。一方、同じ条件で調査した本州で発見された資料の調査割合では4分の1であり、北海道よりも低かった。したがって、北海道の妊婦は多く妊娠していたことが分かった。

　また、別に行った若年の死亡率調査によると、北海道では、本州に比べて死亡率が約2倍も高いという調査データが残されている。これらを繋ぎ合わせると、その背景には、生活環境の厳しい北海道では子どもをたくさん産んで、やっとのことで子孫を残していたことが分かってきたらしい。

　生活環境の厳しさは、太古の縄文時代に限らず、近世の東

北地方の山村でも同じで、少子化対策が必要だった。私は、福島県の桧枝岐地域を訪れた時、そのことを知った。

ここで、その時の体験を語ると、始まりは娘たちが未だ幼い頃だった。

夏休みになると、私は家族で毎年のように自然を求めて、車で桧枝岐地方を訪れていた。目的地にたどり着くまでは、本道を外れた未舗装の林道を通った。その当時乗っていた車は、初期の車高が高いカローラだったため、わけなく通ることができた。

いつものように、最初の一夜は自然が満喫できる川の畔で家族だけでキャンプを行った。それが楽しみの一つだった。当時の林道は出合う車も少ない。朝、山を管理する地元の人々を乗せ、仕事場に向かう車と、夕刻になって、その車が戻ってくるだけだった。当時は、未だ今日のようにアウトドア生活が普及していなかった時代でもあり、林道を通る一般の車にはめったに出合うことはなかったのである。

子どもたちが未だ小さかった頃は、車の中で一夜を過ごせた。だが成長とともに、テントも使うようになった。最初の頃は、炊事道具と灯油カンテラ、そして1本のスコップを車に積んでいたが、テントを使うようになると道具類も増えていった。

山の中では日が早く沈み、すぐ暗くなった。周りがすっかり暗くなると、灯油ランプを灯したが、それらが唯一、あたりを照らす明かりだった。どこから集まって来たのか、ランプの周りには無数の虫が群れ飛び、集まってきた。さらに夜

が更けると、遠くの森の中から時々野鳥の鳴く声が聞こえて
きた。空を見上げると美しい星空が広がり、妻と娘たち家族
四人は、流れる水のせせらぎと暗闇の車中で、一夜を過ごし
た。

　川の畔のテントで泊まった時は、朝になると水の音に混
ざって、川釣り人の気配で目を覚ますこともあった。でも、
緊張と不安は冒険心で打ち消され、アウトドア生活が満喫で
きた。2日目には、決まったように桧枝岐温泉で泊まった。
そして名物であるソバ料理を食べた。

　付近の川には、貫入したマグマの熱で堆積岩などが変化し
た、石器の材料になるホルンヘルスという変成岩の砕けたか
けらを見ることができた。それを採集するのも目的の一つ
だった。

　桧枝岐は秘境と言われていたが、観光シーズンの夏でも、
今ほど旅行者は多くはなく、尾瀬沼へ向かうバスの乗り入れ
と、一部の宿泊客だけだった。

　桧枝岐を訪れたある時、偶然、橋を渡った近くの公園の片
隅で、子宝祈願を現した建立物に出合った。それは、屋根が
付く建物の中に納められた、赤色に塗られ太い丸太で作られ
た男性の生殖器を模した御神体だった。この地域は、歴史的
に山村特有の人口減少という社会問題を抱えていたらしく、
訪れた近くの村の前沢の曲がり家資料館の屋根裏にも、子宝
祈願のための「へのこ」とか「火伏」とか呼ばれている同じ
ようなものが吊るされていた。

　最近、桧枝岐村の観光協会に勤めるAさんにお願いし、

その民俗的歴史について調べてもらった。この地方では、家を新築する時など、今でも火災予防や子宝祈願のために、そのようなものが屋根裏に吊るされるそうである。この地域のように、昔から生活環境が厳しかったところでは、子孫を残す切実な思いが形として伝統的に残ったのかもしれない。

　縄文時代にも精神活動の一つとして、同じようなものが、作られていた。それらは「石棒」と名前が付けられ、石で作られたものである。郷土資料館などで目にした人は多いと思う。それらも、子宝に恵まれることを願ったものなのかは分からないが、形が似ているので面白い。

　さて、本題の下末吉海進期や、それよりももっと古い下層の上倉田層から発見された石器の話題に戻ろう。

　その多くは、戸塚区東戸塚の下末吉層BNとBV地点の工事現場からの発見である。数は少ないが、南区の弘明寺公園内GA地点やその近くのGP地点からも発見されている。その数は、男性の生殖器を模したと分かるもの、さらに、人が作ったと確認できるものを含めると、総数80点と多い。

　石器に使われている材料の種類もさまざまで、チャート、凝灰岩、そして複数の火成岩などである。大きさは、長さが18cm大のものから、15mmのものまで幅がある。棒状の石ころを使って加工されたものが多く、先端付近には窪みやくびれが作られ、男性の生殖器が感じられる特徴がある。また反対側には、道具としてなんらかのものを潰したり、削ったりした時に使われたと思われる部分が付いている（写真42）。

写真42　凝灰岩製石棒（下末吉層）

　それらの中で先端に窪みが作られているものは、全体の8割程度である。また道具として使われた反対側の形についても、刃物のようなものと、物を潰す時に便利な面のように平らなものや半球のような丸い形のものがある。刃のような形のものは全体の7割を占め、潰すのに使われたものより多かった。

　一番多く発見されたBN地点では、素材の選び方に特徴があり、自然にできた石ころの黒い縞模様の部分を利用して、くびれ部分を表現しているものも数点あった。またBV地点のものでは、8〜10cm大のチャート礫を使って先端に窪みを作り、引き伸ばされたお供え餅のような形の石器も数点発見されている。それらを手に取って調べると、特徴から、同一の人間によって作られたとしか思えない。果たしてそうだったのであろうか？

　縄文時代に作られた石棒は、誇張されたものやデフォルメされたものが多いようである。だが発見された石器は、現代

の桧枝岐で作られたもののように、かなり実物に近い形のものだった。

　これらの石器はまだ研究段階であるが、精神活動の一つとして作られていたのは確かである。しかし、果たしてそれが子孫繁栄を願って作られていたのか。それは今後の研究課題だ。展示場に飾られているものと、著者の手元にある形が似通ったこれらのものは、それぞれ作られ、使われていた時期は異なる。

　今、それらを目の前にして考えると、過去の出来事の研究の面白さを感じる。

先人の温もりが伝わる道具

◆ 爪痕土製品、貝製品

　柔らかいものに爪を立てれば、その痕が残る。ましてや、それらが土製品ならば、その確率は高い。どうして爪痕が残ったのか？

　捕り物犯人が残した証拠品のような、貴重な研究材料が地中から出てきた。それは、再利用された爪痕の残る縄文土器の割れた欠片である。

　その発見は、私が道具の研究を始めた頃のものだった。土器片に残る爪痕は、意図的なものではないだろう。だが、その発見が実を結び、さらに時代が遡る過去の土製品発見に繋がった。そしてさらには、その調査から、当時使われていた石器などの使い方までが調べられるようになった。

　古い土製品の爪痕は、氷河時代に堆積した古い地層の発見物からである。それは偶然、整理のための番号を、乾かした土製品に書こうとしていた時のことであった。地中から出たばかりの湿った土製品は軟らかく脆弱なため、発掘時や水洗いの際などは、扱いが難しいものである。特に付着した泥を取り除く際は、表面を傷めないよう細心の注意が必要である。

　爪痕の発見は、土が除かれ生乾き状態の土製品の表面をルーペで覗いた時のことであった。私はその瞬間、自分の目を疑った。目に飛び込んできたのは、人によるものと分かる無数の一列に並んだ状態や交差状態の爪痕だった。それらは付けられてから長い年月を経ていたが、たった今、目の前で起きたと錯覚するほど、新鮮で温もりを感じるものだった（写真44、46、47）。多摩層下部から出たものであり、地質相対年代的には、原人か旧人が活動していた頃のものと思われた。縄文土器片の爪痕と異なり、多摩下部層からの土製品とその爪痕の発見は大きな意味がある。多摩下部層など、今まで人的痕跡の発見報告のない古い地層から、人類が作った石器の存在が明らかになったからだ。この発見により、多摩下部層などからの発見物が、人工のものであるとの決め手が一つ増えたことを実感した。私は、今後の研究に弾みがつくことを願った。

　その氷河時代の爪痕のある土製品が見つかった戸塚区や南区など、横浜西南部に位置する多摩下部層および下末吉層。それらは前後2回の氷河時代の温暖期に、海面上昇で堆積した地層である。地層は、土製品を風化から守る役割も果たし

ていた。

　戸塚区のBT地点から発見された土製品の特徴は、硬さや表面色を除くと、形や大きさは驚くほど、一緒に出てきた石器に似ていた。ところが一方、隣接する、後の海進時に堆積した下末吉層で発見された土製品は、形は石器に似ていたが、大きさは１cmにも満たない小粒だった。発掘に際しては、ふるいを使う状態であった。

　土製品の大きさは、上倉田層のものは10cmを超えるものや１cm未満の小物も含まれていた。しかし平均的大きさは、10円硬貨の径２cm大の大きさだった。下末吉層からの発見物の大きさは全体的に小粒であり、トウモロコシや大豆の粒大の5mm〜１cm程度のものが大半を占めていた。

　土製品の材料になった粘土を調べる。すると、上倉田層の発見物では、大きく分けると純粋な粘土だけの

写真43　爪痕土製品
　　　　（上倉田層　長さ2.5cm）

写真44　爪痕土製品 上部が爪痕
　　　　（上倉田層　長さ2cm）

ものと、粘土に軽石のような極小粒状の固まりが混じった2
種類の材料が使われていた。一方、下末吉層の土製品は、そ
の多くが細かい粒子の粘土が材料だった。

　土製品は、その形にも面白さがあった。大きさは、上倉田
層と下末吉層で異なっていたが、形はそれぞれ、一緒に出て
くる石器とそっくりだった。つまんで使う道具類として作ら
れたため、形が同じになったのだろうか？　中には、中央部
分に石器と同じように、指先の滑り止めのための窪みが作ら
れたものもあった。

　石器の大きさは、上倉田層の多くは2cm程度の小型だった
が、下末吉層のものは全体に大きいものが多く、縄文時代の
石器のようだった。ところが面白いことに、下末吉層の土製
品と一緒に出て来た小型の石器は、大きさも土製品に似たも
のだった（写真45）。

写真45
　一緒に出土した小型の
　爪痕土製品（左）と石器（右）
　（東戸塚　下末吉層）

写真46　中央部に爪痕（上倉田層　長さ2・5㎝）

写真47　中央部に爪痕（上倉田層　長さ4㎝）

　両者の土製品の違いは、なんだったのだろうか？　時代の違いは認められるが、一緒に出てきた石器など、ほかの道具との関係があったのだろうか？

　上倉田層の石器は、立派な土製品とは反対に、下末吉層の石器と比べると小振りで、劣った感じである。しかし、下末吉層の石器は大きく立派だが、土製品は小振りで貧弱だった。

　両時期の石器の大きさの違いは、考えられることの一つとして、材料となる石材の調達環境の違いにありそうだ。下末吉層の近くには、それらが堆積する以前に、相模川の一部が流れ込み、河原の礫が堆積した礫層があった。それらの礫は大きく、石器の材料に合ったものだ。この違いが、石器の違いを生んだ要因になっていたかもしれない。

　さて、肝心の土製品の爪痕であるが、前後二時期の爪痕には共通点が認められた。形が複雑で大きな上倉田層の土製品は、石器同様、周りには丸く弧を描く縁がついていたり、四隅が角張っていたりする。さまざまな形があるものの、道具として利用できる部分が多く備わっていた。爪痕が見つかったのは、表裏の平らな面や側面などの中央部分などからである。窪みがあるものでは、その中にも爪痕があった。

　対して、下末吉層の土製品は小型で確認し難かったが、縁部は丸くすり減った状態で、同じように中央付近に多く爪痕が残っていた。

　このように、土製品は石器同様に、つまんで使うタイプの道具であることが分かる。大きくて調べやすい上倉田層の土製品を調べると、その中央部分には、太く大きな爪痕が集中

して認められる。反対側の中央部分には、それらよりも細く小さな爪痕が、交差集中状態で確認できた。

　太く大きな爪痕は親指の爪で付けられたものと思われるが、その反対面の細く小さな爪痕は、中指の爪痕と考えられる。それはなぜか？

　理由の一つとして、それぞれが中央部分にあったため、指の動きから親指と中指でつまんでいたからと考えるのが自然である。また、土製品には周辺部分にさまざまな形の使用部分が付いているため、おそらく、中指の両隣にある人差し指や薬指などで土製品を支え、回転させながら使っていたのではないだろうか？

　土製品の形や大きさ、また使用方法にも関係するが、形が特定の同じような土製品では面白いことに、決まって面中央部分などに爪痕が集中している。また、小型の土製品ほど、つまむ時、爪を立てる傾向があるのか。爪痕が多く認められた。

　その土製品がどの程度の頻度で使われていたのか、爪痕の状態からそれらが分かるのも面白い。保存状態が良く、本数が数えられる中指の爪痕を調べたところ、交差する10本前後の爪痕が数えられた。その時の爪の状態や土製品の硬さなど、条件にもよるが、想像していたほど爪痕数が多くなかった。そのため、発見された土製品は、一度限り使われた、使用回数の少ない道具だったのではないだろうか？

　土製品の中には、作る際にできた爪痕も残っていたが、それらは中央部分の指先を掛けるための窪み部分などにあった。

力強い大きな爪痕であり、おそらく制作段階で窪みを作る時にできた親指の爪痕だったと想像できる（写真43）。

　以上、氷河期の二つの時期に作られた保存状態の良い土製品と、それらに残る人の温もりを感じる爪痕について述べてきた。これらのほかにも、一緒にさまざまな人工物が発見されていた。

　東戸塚のBT地層からは、土製品のほかに4000点近い石器および道具として使われたワニの歯、そして木製品などが出土した。また、隣接するBV地点からも、多量のマガキの殻で作られた貝製品が一緒に発見されていた。そのマガキ貝製品からも、土製品と同じように爪痕が発見されていた。

　土製品も貝製品も、それぞれ石器に比べて手軽に作れるため、石器の代用品として使われていたのではないか？　その可能性は高い。それらを裏付けるように発見数も多く、南区も含めると、上倉田層の爪痕のある土製品だけでも1000点に迫る数であり、下末吉層の土製品も500点を超えている。それだけ多く作られていたのだ。

　物語を多く持つ土製品は焼きが甘く、一見、土の塊にも似て、発掘の際、見落としがちである。しかし、爪痕があることで、人がそこにいた存在事実が語られる。それに、石器などの使用方法まで調べることができる。やはり人類学、考古学の研究にとって貴重な発見物のように思われる。

第2部　中国で発見された石器

中国の石器

◆ ゴビ砂漠で出合った化石

　2001年、東京都を退職した私は、待ち望んでいた研究活動に専念できるようになった。目標にしていた氷期時代の多摩下部層や下末吉層などの現場調査に行く機会も増えた。調査が進むにつれて、隣国中国から日本国内への人類の移住について関心が広がっていった。

　そんな時、申し合わせたように、上野の国立科学博物館から中国のゴビ砂漠で行われる恐竜化石の発掘体験ツアーの誘いがあった。それらは、会員を対象に両国間の科学分野での交流も兼ねた企画だった。ツアーが行われたのは、最終的に中国でSARSが流行した年を除き、前後3回だった。思いが叶ったのか、私はそのいずれにも参加することができた。

　恐竜については、過去にNHKが企画した恐竜シリーズ番組を見て関心を持っていた。また中国を訪れることは、日本国内に伝えられていた北京原人やその文化など、本家本元の文化を自分の目で確かめるチャンスでもあった。

　訪れる予定の内モンゴルは、北に位置するモンゴル共和国

の国境沿いに東西に長く延びる、中国では二番目に面積の広い自治区である。ゴビ砂漠が広がり、そこにはモンゴル系の人々が多く住んでいる。中央部には中心都市フフホト（呼和浩特）があり、黄河が流れている。現地に行くために、北京駅からモンゴル・ウランバートル行きの列車に乗り、途中の国境の町、エレンホト（二連浩特）で下車した。

　車窓からは、現地を感じさせる万里の長城や、植林された美しいポプラ並木などの風景が目を楽しませてくれた。前の車両が巻き上げた砂埃によって、体が埃まみれになる、乾燥地ならではのハプニングもあった。

　日が沈み、現地特有の明るくて長い夕暮れが過ぎ去ると、列車は長かったその日の旅を終え、ようやくエレンホトの町に着いた。そこには、中国経済の発展に支えられた、地方都市の姿があった。そこから、寝泊まりをした砂漠の中のベースキャンプまでは、車で小1時間の距離だった。

　化石が眠るその付近では、過去に発掘調査が行われ、多くの貴重な恐竜化石が発見されていた。1922年にはアメリカの調査隊が、そして1950年には中国とソビエトの合同隊が調査を行っていた。

　偶然だったが、私たちも3回目のツアーの時、8mにも及ぶ新種の大型恐竜化石の発掘中の現場に居合わせていた。それは歯を持たない鳥に似た恐竜で、後に「ギガントラプトル」という、舌を噛むような学名が付けられていた（写真48）。

　ほかの場所でも偶然、同じように貴重な恐竜発掘現場に居合わせた。それは、その後に訪れた新疆ウイグルのジュンガ

ル砂漠での、世界最大級のマメンキサウルスという四つ足恐
竜化石の発掘現場であった（155頁　写真57）。これら二つ
の恐竜化石はいずれも、後に千葉の幕張メッセの恐竜展会場
に展示されていた。

写真48　ギガントラプトルの化石発掘現場

　化石の発掘体験は、恐竜の化石が多いキャンプ施設の周り
や、数キロ離れたギガントラプトル化石の発見場所近くで行
われた。この体験は、事前に化石の一部が地表に覗く状態の
ものを参加者が化石を掘り出し、保護目的の石膏で覆い固め
るという作業だった（写真49）。これらの作業は、一時的な
化石保護のやり方であるが、1億年前の恐竜化石を目の前に、
恐竜好きには感動の一場面でもあった。
　体験にはもう一つ、参加者が現地入り前から待ち望んでい
たものがあった。それは、地面に転がる恐竜などの化石を拾

写真49　ゴビ砂漠での化石発掘体験

写真50　地表の化石を探す風景

い集めることだった。それらは地中に埋まっていたものが、風や雨で地面に現れたものである。その多くは割れた骨の一部であり、完全な形のものは少なかった。しかし、その後テントに戻ってから専門家の手を借りて調べたら、本物の恐竜化石であることが分かった（写真51）。あの時の喜びは大きかった。

　化石探しは、帽子とサングラスで真夏の強い日差しを避けながら、時々吹き付ける心地よい風、360度に広がる雄大な地平線などを体感しながら行われた。地面の化石は単独で、あるいは異なった種類の化石が複数集まった状態で転がっていた。それらの化石は、恐竜のイメージとは程遠く、5㎝前後の大きさに割れたものが多かった。そのような状態だったので、初めてその場に臨んだ我々には、一部の形の分かる歯や爪などの化石を除いて、小石との見分けが難しかった。

　拾い手の我々は、収穫の見込める場所を求めて、それぞれが思い思いに砂漠に散って化石を探していた（写真50）。その一人だった私もまた、続けてきた石器探しの経験を活かそうと意気込んで挑んでいた。

　その思いが通じたのか、私はその場で、思ってもみなかった貴重な発見をしたのだ。それは、予期せぬ国外での石器の発見であった。

　足元にあった白い小石を何気なく拾い上げると、それは石英で作られた石器だった。恐竜の化石だけしか頭になかったので、その驚きは大きかった。しかも、私以外のものが石器を発見していた様子はなかった。

144

写真51　発見した石器と恐竜の化石

　その後は意識して石器を探し続けたので、想像を超える成
果があった。テントに戻ってからの確認が楽しみだった。私
は、横浜の古い地層の発掘で、遺物が見つかると、その正体
を知りたいため、自宅に戻るなり蛇口で泥を洗い落としてい
たが、その時も同じ思いであった。

　驚いたのは、恐竜の化石と思っていたものがルーペで覗く
と、それは化石を材料に熱を加えて作られた道具であった
（148頁　写真53、54）。そしてまた、拾った石器も同じで
あった。その事実が分かったのは、熱によって組織が溶け、
内部の気化したガスなどが抜け出た小さな穴があったからだ。
加えて、道具として作られた時にできた重なり合う人為的な
窪みが、表面に確認されたからである。化石など、身近な材
料で道具を作るという活用方法もまた、横浜の古い地層から
発見されたマガキの殻を用いた道具作りと似ていた。

熱を利用していた痕跡は、そのほかにも確認されていた。それは体験発掘中であったが、誤って、ある恐竜化石の爪部分を破損した時だった。強化処理前の脆い先端部分であったが、その割れた断面には、小さな角張った成長過程の石英結晶が詰まっていた。

　ところが、道具として作られ地面に転がっていた、同じ恐竜の爪化石を調べたところ、同じ部分の石英の結晶が熱によって溶けて結合し、角が丸くなった粒状の結晶が確認されたのだ。

　私が砂漠で拾い集めた化石や石器は、国内でも発見される、数センチ大のつまんで使うタイプの道具だった。その数は少なかったが、ハンドアックスのような形に作られた、13㎝大の恐竜化石の発見もあり、碧玉でつくられた石器なども多く発見されていた。

　特に私が興味を感じたのは、化石や石英などで作られた、形に特徴のあるブーメランのような道具が多かったことである。化石現場で拾うまで、そのような形のものは、国内だけに見られる道具と思っていたが、中国でも発見されたので驚いた（写真52）。それらの中に数点、石英で作られた美しい小型の石器があった。加熱跡が残る、精巧に作られたものだった（98頁　写真31）。

　我々が過ごしたキャンプ地は小高い丘の上にあった。過去には塩湖の岸辺だったと思われる。遠くには、今でも西日に輝く塩湖が見えた。住環境に恵まれたそのような水辺では、一般的に過去の人々が使った道具が発見されるものだ。例外

写真52　ブーメラン石器

でなく、そのキャンプ地でも発見されていた。

　キャンプ地やその周辺で、多いところでは足の踏み場がないほど一面に石器が転がっていた。例えば、テントのベッドから地面に手を伸ばせば、なんらかの石器に触れられるほどだった。

　それらは既に地表に出ていたので、年代の測定を行うことはできなかった。しかし、3回目のツアーで出合った歯のないギガントラプトル恐竜化石の発掘現場では、その化石層の上に、不整合状態で相当古そうな石器の詰まった地層が乗っていた。調べれば、年代は分かりそうだった。

　恐竜化石が見つかった地層も、またその上の発掘で削られた石器層も、それぞれが堆積した間には約1億年の開きがあった。だがいずれもが、その近くにあった湖沼の影響で水

写真53　ブーメラン形に作られた恐竜化石（中央寄りに無数の窪み）

写真54　恐竜化石などで作られた道具

中堆積したものである。

　我々は、その場所で長い間に起きていた自然の営みや、そこで生活をしていた過去の人々が繰り広げていたドラマに触れることができた。それらを目の前にして、私は過去の内海を舞台に、横浜西南部の上倉田層や下末吉層の石器層が生まれた成因を考えていた。

　ゴビ砂漠は、砂漠と言っても完全な乾燥地ではなかった。雨も降れば、背丈が50㎝程度の草木のような灌木も生えている。キャンプ中に数回、小雨や夕立に見舞われ、粘土質のぬかるみに足を滑らせる場面もあった。

　化石発掘体験会は、毎回同じ場所で３日間続けられた。参加者は、20人〜30人くらいだった。雨の日を除き、昼間は化石の発掘や採集を行い、夜になると、地平線から昇る大きな月や、ある時は地平線から地平線まで延びる美しい天の川を楽しんだ。

　そこで見た美しい星空は、故郷での高校生の時以来だった。キャンプ初日の夜は火を囲んで、馬頭琴を奏でる民族衣装の地元の人々と、参加者全員による余興で親睦を深めた。

　化石発掘体験が終わると、化石発掘の協力者で地元研究者でもあるＴ先生の乗ったパジェロを先頭に出発。バスで10時間かけ、次の予定地である内モンゴルの省都フフホトに向かった。フフホトは古くからの交通の要衝で、そこにはＴ先生の研究所があった。町に近づくと、夏にもかかわらず、各家の庭先には冬支度の石炭が積まれていて驚いた。

　Ｔ先生の研究所には、復元された8000万年前、白亜紀の

恐竜骨格標本が並べられていた。そこには私が期待していた、砂漠で拾った恐竜化石の骨格標本があった。その化石は、エレンホトの恐竜博物館にも展示されていたものだ。ダチョウ恐竜の別名を持つ、古いタイプのオルニトミムスという、歯を持たない肉食恐竜の化石であった。

　見学が終わるとホテルに向かい、ようやく長かったその日が終わった。

　翌日は、飛行機でフフホトから、次の予定地の北京に向かった。約1時間で北京に着いたが、その足で、その日の見学目的である自然科学博物館と、古生物研究所を訪れた。二つの博物館には、中国で発見された恐竜の化石標本や北京原人などの骨格標本および石器などが展示されていた。

　私は以前、上野の国立科学博物館で北京原人展を見ていた。再び、その時の展示物が見られることを期待していた。最終的に私は、それらの博物館に3度訪れたが、そのたび真っ先に足の向かう先は、石器が展示されているところだった。

　二つの博物館で感じたことは、石英で作られた石器や、径が10cm前後に作られた球状石器の量だった。上野の北京原人展でもそれらがあった。形が面白いので、その球状石器が特に印象に残っていた。当時の説明書によると、それらは10万年前の旧人遺跡から多量に発見されたものであった。使用方法は、紐を括り付け、振り回しながら獲物に投げつける。一種の狩りの道具であったらしい。

　自然科学博物館に展示されていたものは、ガラスに囲まれ

た展示物だった。牛か鹿の仲間と思われる骨格標本の足元には、径10cm程度の二十数個が一緒に並べられていた。同じようなものは、その後、新疆ウイグル、ウルムチの博物館を訪れた時にも展示されていた。それらには紐が括り付けられていたので、狩猟用か戦闘用かと、その使い道を思わせるものであった。

　私も横浜の古い下末吉層などから、そのような形の石器を二十数個発見している。展示物と比べると、大きさは一回り小さいが、形が歪で、表面には人為的な凹凸があった（82頁　写真23）。説明の根拠に乏しいが、使い道の違いが感じられるものだった。

　私は展示された球状石器を見て、それらがどのような方法で作られていたのかを知りたかった。そこでガラス越しに数個の石器を覗いて見たところ、表面には横浜の石器と同じように、無数の小さな孔が確認できた。それらにも、石器を思い通りに作りやすくするための、熱利用の技術が使われていたのである。

　ゴビ砂漠化石体験ツアーでは、憧れていた恐竜化石にも触れることができた。また、高い熱利用で作られた各種の道具やブーメラン石器の発見もあった。

　そして、横浜西南部の石器層成因の謎に繋がるものも見ることができたのだ。湖沼の水面変化の影響で、地表にあった石器などが水中堆積したり、再び地面に現れたり、それらが繰り返されていた様子を自分の目で確かめることができたのである。

◆ 四川、雲南の博物館

　私は、内モンゴルの３度の化石体験ツアーの後、そこで知り合った仲間やその後の仲間と新たな体験ツアーで、中国辺境の地を巡っていた。それらは、中国の自然と寺院や遺跡を巡る旅だった。しかし、その行く先では石器や恐竜化石などにも巡り合うことができた。

　雲南省を巡るツアーでは、四川省自貢の恐竜博物館と雲南省禄豊の恐竜発掘現場、およびチューシュン（楚雄）の古生物博物館などを訪れた（写真55）。

　また、四川省の成都から重慶までの９日間の旅では、雪を抱いた4000ｍ級の山越えでチベット文化に触れた。合わせて、大地震直前の貴重な遺跡や建造物の見学もできた。

写真55　雲南省の恐竜化石層

　この二つのツアーは、少数民族が住む緑豊かな中国南部地方を訪れるものだった。期待していた石器との出合いは、雲南省禄豊の恐竜発掘現場近くの山麓で実現した。石英や中生代の植物化石で作られた石器の発見だ。また、重慶の博物館では、長江の三峡ダム開発に伴う、各時代の遺物の見学もあった。

◆ 新疆ウイグルから青海省へ

　私は横浜の造成現場で調査を始めた頃から、アフリカで生まれた初期人類がどのようなルートを通って我が国に移ってきたのかを知りたかった。後世のシルクロードも、その候補の一つだった。

　2006年（平成18年）、遂にそのシルクロードの地、新疆ウイグルを訪れる機会が巡ってきた。新疆ウイグルは、中国の最も西にあり、南の崑崙山脈、北のアルタイ山脈に囲まれた自治区である。その中央には、万年雪を頂く4000ｍクラスの天山山脈が東西に延びる。乾燥地でありながら、豊富な雪解け水の恵みで、人々の移住をもたらしてきた。

　しかし、現在は気候変動で降雪量が減少し、乾燥化が深刻な問題になっている。そこに住む人々の多くは、少数民族のウイグル族である。古くから西方文化の通路であり、３本の主要道路のシルクロードがあった。

　ツアーは、新しく知り合った仲間と10日間の日程で、車で天山山脈を一周するコースだった。２日目にウルムチのホテルを出発、天山山脈を南下して、トルハンで２泊。トルハ

ンを拠点に、その周辺の仏教、イスラム教の遺跡群を見て
回った。

　4日目は、天山山脈に沿って東に向かい、クルム（哈蜜）
で宿泊。回族のイスラム文化などを見学した。そして5日目
は、再び天山山脈を越えて、高原の町・バリクン（巴里坤）
で宿泊。6日目は西に向かい、北方民族と漢民族の攻防の
地・グチュン（奇台）で2泊した。ここを拠点に、ジュンガ
ル砂漠の珪化木や恐竜化石発掘現場などを巡った。7日目は、
ジュラ紀の美しい地層が見られる五彩湾を見学し、その日の
うちに出発地のウルムチに戻った。そして最終日の8日目は、
ウルムチの博物館見学だった。

　このコースでも、内モンゴルの恐竜化石体験現場のように、
多くのむき出し状態の石器に出合うことができた。巨大な木

写真56　ジュンガル砂漠地表面のブーメラン石器

の化石の珪化木が横たわっていたところでは、珪化木を材料に熱を加えて作られたブーメラン石器が見つかった。そして、千葉の幕張メッセに展示された最大級の四つ足恐竜マメンキサウルスの発掘現場（写真57）近くでも、石器の発見があった。しかし、このコースで最も印象に残った石器の発見は、次に訪れた、風や砂の力で削られた奇岩があった丘の麓だった。過去には水辺であったと思われるその場所には、石英や堆積岩などで作られた、大小さまざまな形の石器が地中から姿を覗かせていた。

　そしてその次の日に訪れた色彩豊かな地層が広がる五彩湾でも、石器の発見があった。しかし、その場所で特に印象的

写真57　マメンキサウルス発掘現場

だったのは、風化したジュラ紀の地層に挟まっていた石膏の結晶だった。遠くから見ると、板ガラスのように見えていた。このコースでも、ブーメラン石器が多かった。この石器は、人為的に作られたことを示す石器の指標のような存在に思えた（写真56）。

　2008年（平成20年）、前回に続いて再び新疆ウイグルを訪れる機会が巡ってきた。この時も、車による移動だった。ツアー内容は、ウルムチから青海省に入り、省都のシーニン（西寧）までのシルクロード南路を行く10日間の旅だった。

　車での移動が始まったのは2日目だ。その日はウルムチからタリム盆地に入り、交通の要衝コルラ（庫爾勒）の町に泊まった。3日目とその次の日は、タクラマカン砂漠を眺めながら、黄色に色づいた胡楊の林に沿ってタリム盆地を南下。崑崙山脈に接するアルキン山脈の北側、シルクロード西域南路の要衝シャルクリク（若羌）の町で2泊した。ここでは、悠久の美女ミイラでも有名な楼蘭遺跡と同時代に栄えた、ミーラン（米欄）遺跡を見て回った。

　5日目と6日目は、オフロード車に乗り換え、紅い花を咲かせるタマリスク（紅柳）の灌木の谷を抜けた。アルキン山脈を越えて、青海省の標高3000mの町・花土溝で2泊した。この町の近くには美しい大きな塩湖があり、畔のいたるところで原油が汲み上げられていた。千仏岩という奇岩を見学したが、その近くで石器がたくさん挟まった石器層を発見していた。

　7日目は花土溝の町を離れ、行けども行けども一直線に伸びる道路を進み、大きな淡水湖や一里平塩湖などに立ち寄って、ラマ教寺院のあるデリンハ（徳令哈）に泊まった。8日目は、この日も大小の淡水や塩水の湖を見学しながら中国最大の塩湖・青海湖で乗船を楽しみ、その日は近くのホテルに泊まった。この地では、色彩豊かな服装で道路に体を投げ伏す「五体投地」を行う様子や鳥葬が行われる丘など、チベット文化にも触れることができた。

　9日目は、高地の青海湖から下り、最終目的地である省都のシーニン（西寧）に泊まった。シーニンはチベットのラサまで伸びる青蔵鉄道の出発地であり、町では漢方薬の冬虫夏草を売る店が目に付いた。

　このツアーでも、タリム河や湖の近くを通っていたため、多くの石器を目にした。しかし、最大の発見は、内モンゴルに続き、青海省州境の町・花土溝での貴重な石器層の発見であった。それは、崖面に石器が層状に詰まった石器の地層だった。

　見つかった場所は、大きな塩湖手前の315号線を東に折れ、石油井戸を通り抜けた山並みの入り口付近であった。その山並みは、堆積岩が開析された100mに満たない高さだった。その西端は、過去に今ある湖によって削られ、山頂部は風と雨水の浸食で複雑に削られていた。山頂部は、まるで仏像が立ち並ぶような姿の奇岩であった。その奇岩の千仏岩が、我々の見学目的だった（写真58）。

北側には、バスが入れる開けた谷間が続いていた。その南東側には奇岩の伸びた崖面があり、反対側の北西には、過去の湖によって作られた堆積層の崩れた斜面があった。その斜面には、にじみ出た白いまだら模様の塩の固まりと、ところどころに崩れて広がる小石が見えた。

　我々は千仏岩を見るために、反対側のその斜面を登った。ところがその足元に、輝く石器のような小石が転がっていた。私はすかさずそれらを拾い上げて驚いた。外見だけだったが、それらは石器に間違いないものだった。

　崩れてきたその先を調べるため、さらに登ろうと試みたが困難だった。その時の私は、薄い空気と旅の疲れで、登る体力がなかった。結局、私が選んだのは、斜面を下りて、道端付近で石器を探すことだった。この選択が良かった。私はそこで、貴重な発見をしたのである。それは石器が層状に詰まった、石器の層であった。

　崖面には、そのほかにも複数、層が見えた。外見だけだったが、それらが石器と分かった理由は、剥がれ落ちた崖面最下部の石器層の一部を調べた結果からである。その表面には、石器がむき出しになって張り付いていた（写真59）。それらが本物なのか調べるため、私は20cm四方の狭い範囲から剥がし取った二十数個の石器を、持っていたビニール袋に入れた。

　ホテルに戻ってから、剥がし取った二十数個の石器を水洗いして驚いた。それらは、加熱跡の残る石英系の小石や奇岩の一部と思われる細かい粒子の堆積岩で作られた、〝過去の鍛冶屋〟の作品だった。

写真58　青海省花土溝の千仏岩

写真59　千仏岩の石器層

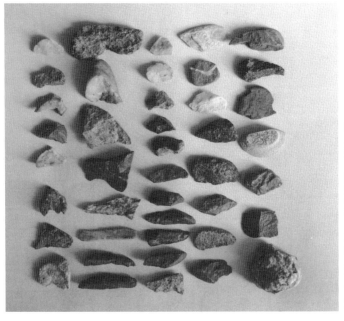

　石器の大きさは３cm程度だったが、それらの中にブーメラン石器が５点ほど含まれていた。互層状態の崖面は水平だったので、その場では、水面下でできた二次堆積物と思っていた。しかし、同じ形の石器が狭い範囲に存在していたので、ゴビ砂漠や横浜南部の石器層のように、その場所で使われた石器が再びその場に堆積していたとも考えられた。

　斜面を登った時、最初に見つけた四十数個も石器だった。拾う際に石器のような形のものや輝きのあるものを選んでいたので、石英系のものが多かった。それらの中にも、ブーメラン石器が10点ほど含まれていた（写真60）。

　登れなかった斜面上部のところどころに、道脇にあった崖面のようなものが確認されていた。斜面の石器も、それらか

ら崩れ落ちたものだった。

◆ 内モンゴルへ

　私は過去に7回中国を訪れていたが、2010年（平成22年）に再び、「内モンゴル大草原の旅」に参加した。

　このツアーは、北京からロシアとの国境の町マンチュリー（満州里）までの旅だった。北京からシリンホト（錫林浩特）まで航空機で飛び、そこから車でモンゴル国境に沿って北東に進んだ。

　途中、ネリンゴルの美しい草原や、多くの日本兵の犠牲者を出したノモンハン事件の地、そして大きいフロン湖（呼倫湖）などに立ち寄った。

　マンチュリーは、屋上にカラフルなドームなど、ロシア風の建物が目立つ町だった（写真61）。そこから我々は国境を越えて、80km先のロシアの町に足を延ばした。

写真61　マンチュリー（満州里）の街

ノモンハン事件は、兵器の差で勝敗が決まった戦いであったと言われている。訪れたハルハ河国境線のその場所には、記念館が建てられていた。吹き抜けの部分には、機関銃を構えるソ連兵と相対して、日本刀を頭上に振り構える日本兵との実物大のリアルな戦闘風景が再現されていた。また展示コーナーには、日本兵が使っていた兵器や兵士が付けていた品々が展示されていた。

　その中に、３点の御守りがあった。私は、それらを見るなり複雑な思いになった。戦後、家族に届けられた、ある写真を思い出していたからである。それはフィリピンで戦死した父親が身につけていた、母と私が写る、血に染まった写真だった。

　ノモンハン事件が起きる前年、父は現在の北朝鮮とロシアの国境近くでソ連兵と戦っていた。いわゆる張故峰事件である。父はその後、家族を支えるため除隊した。そして私が乳児の時、再び原隊に戻ったが、終戦の１週間前、フィリピンの戦いで帰らぬ人となった。戦闘風景と御守りが、それらを思い出させていた。

　出入国ができるマンチュリーが近いせいか、記念館にはロシアの入館者が多く見られた。

　このツアーでも、最初に訪れたゴビ砂漠の恐竜化石発掘ツアーと同じように、砂漠などに多くの石器が転がっていた。

　このコースでは、石器の材料が訪れた先々で異なっていたのが興味を引いた。恐竜化石体験で訪れたエレンホトの近く

では、碧玉や石英の材料が多く使われていたが、ノモンハン事件の地近くでは、メノウを焼いて作られた石器が多かった。国内の縄文時代の石器にもメノウ製はあるが、その数が際立っていた。

　私がこの旅で最も印象に残ったのは、フロン湖とマンチュリーの間の小さな湖の近くで見つけた、メノウや碧玉で作られた美しい小型の石器だった。それらは縄文時代の石器のように、鋭い刃を持つ剥離技法と呼ばれる方法で作られていた。

　私は縄文時代の石器を除いて、このような方法で作られた石器の発見は、この時が初めてだった。道具として、用途の違いを感じさせるものだった（写真62）。

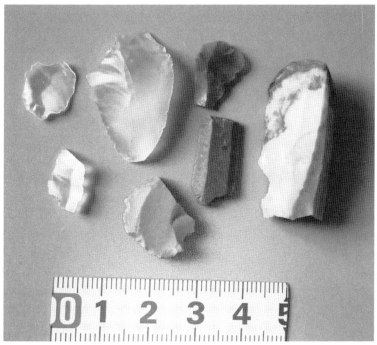

写真62　マンチュリー手前の湖で発見した剥片石器

8度の中国体験ツアーで、私は多くのことを学んだ。

　道具を作る時に、材料として身近な化石などが使われ、加熱されていた。

　また、研究を進めていたブーメラン石器が、行く先々で発見された。これらは、国内と同じだった。

　中でも興奮したのは、ゴビ砂漠の恐竜化石発掘現場。そして、青海省花土溝近くの石器層の発見であった。

　それは、日頃から疑問を抱いていた、横浜西南部の石器層の成因解明に繋がるものだった。

エピローグ

論より証拠

　何人も時空を超え、過去の世界には戻れない。しかし、地中に残された道具から過去の実態に近づくことができる。それができるのは、工事現場などから数万点の発掘物が見つかったからだ。

　多量の資料はプラスに働き、視点の異なる調査や統計学的手法ができ、新しい発見に繋げられた。資料の多くは、気の遠くなるような古い昔に、箱根火山の噴火で積もった多摩下部層からの発見物である。中でも、私が名付けた機能重視が特徴的な、半月状のブーメラン石器。それに、刃先が３本に分かれた山形石器などの道具や当時の石器の用途や使い方が解き明かせそうな、使用時の爪痕が残る土製品や貝製品などの発見もあった。

　そして、物理的に石を割るだけでなく、加熱による物質三態（個体・液体・気体）変化を応用し、あたかも現代の鍛冶屋のように、石材に熱を加えた石器作りが広く行われていた事実が解けた。

　それらによって、自然礫が溜まるはずがない地層で発見さ

れる、石器そっくりの石ころの正体が明かされた。我々の身の回りには、過去の人々が残した道具が想像以上にあったのだ。

石器製作時の加熱跡や土器再利用時の爪痕の発見は、過去の道具研究や人類研究解明に道を開いた。それらは人工物か、自然物か。その判断材料が増えたことで、石器など新種の道具発見に繋がることだろう。さらには過去の人類の食文化や生活行動の研究にも貢献できそうである。

研究期間が長引き、海外にも足を延ばしたことで、結果的に納得できる自分なりの成果が残せた。だが、そこに至るまでの道のりは決して平坦ではなかった。

過ぎ去った世界の研究は、想像の世界である。したがって、研究を進めるためには、根拠に基づき説得力のある証拠物が必要である。しかし、始めたばかりの研究途上段階の私を待ち受けていたのは、救いではなく、研究意欲を損ねかねない諸問題であった。

その一つは、東北地方で2000年に起きた「旧石器発掘ねつ造事件」だった。当時、ニュースで大きく報道されていたので記憶に新しいが、私はその事件内容を横浜駅近くで行われた県考古学会の定例役員会で知った。当時、連日のようにテレビなどで報道されていた旧石器時代の石器新発見は、実はねつ造だったのである。

私は事件発覚で大きなショックを受けた。報道されていた問題の石器は、それまでの常識を超える古い地層からの発見

物だったが、私のも同じだったからである。

　問題になった東北地方の石器は、テレビでは見ていたが、実物は見ていない。そのかわり、同じ頃、都下多摩ニュータウンの開発時に発見された事件関連のほかの石器は、機会があるたびに展示資料館で覗いていた。

　その関連石器は偶然にも、私が以前、縄文時代遺跡見学会で訪れた、まさにその遺跡からの発見物だった（55頁　写真14）。十数点ほどが展示されていたが、関連新聞によると多摩層上位の数万年前の地層から発見され、関東地方では最古の石器と伝えられていた。私はその説明根拠を疑った。その姿はもっと古い多摩層の発見物より、全体的に鋭く作られた、顔つきの異なる石器だった。

　道具として作られた石器は用い方によって異なり、刃が鋭いものや、そうでないものもあるが、その違いの真相は事件後に知った。その関連石器も、新しい石器が古い地層に埋められたものだった。

　事件前、強い味方の出現で期待していたそれらの石器は、目の前からそのすべてが姿を消してしまった。この事件の影響は私個人だけでなく、研究界にも大きく及んでいた。

　もう一つの事例は、35年ほど前、私が研究を始めた頃のものだが、今でも私を悩ませ続けている問題である。それは、東北地方のある砂礫層から発見された、石器そっくりの偽石器と呼ばれる自然礫の調査報告書だった。

　調査は、都内のある考古学研究の実績を持つ大学が行った。

直接調査を担ったのは、発掘調査関係の考古学者、および地質学者や地理学者らであった。調査の動機と目的は、発見当初、石器と思われた物質の真相確認であった。

私が興味を引かれたのは、その調査報告書の結論だった。現場調査で得られた資料は、自然流水の力で、硬い石ころどうしがぶつかり合って生まれたものである。またそれらは、本物の石器独特の鋭利な刃を持たないため、自然の礫であり、人為的に作られた石器ではない、との結論だった。

さらに追い打ちをかけたのが、近くの河原からも同じような物が発見されたことだ。つまり、硬い石材が存在する他地域の河原においても発見されていたのである。したがって、発見されたのは石器ではなく、自然の石だったのである。

この調査が行われたのは、戦後間もない頃、石器研究が始められたばかりの出発途上段階のものであった。調査内容は、場所的環境の違いはあっても、私がそれまで行ってきた調査実態とそれほどの違いはないと思われた。

しかし、書かれていた結論は、思惑とは異なり、期待どおりの筋書きではなかったのである。権威ある報告書であり、その時は現実の厳しさを受け止めなければならなかった。だが、救いになったのは、私は関係調査資料を一度も見ていなかったことだった。そのことが、この問題の結論を先に延ばし、その後の研究活動に希望を残すことができた。おかげで今では多くの調査事例に接し、自分の研究内容にも自信が持てるようになった。

そして機会が訪れ、報告書の現物資料が同大学に展示され

ていることを知り、見学のため訪れた。展示物は大小二十数点ほどだったが、期待に反し、ガラスに覆われ、直接触れることはできなかった。そこには、偽石器であることの展示説明文が書かれていた。

展示資料には、鋭い角度の刃部を持つ石器は見当たらなかった。でも、日頃から見慣れた石器と似ていたので、私の目には本物の石器のように映っていた。

さらに顔を近づけ、鍵となる箇所である割れ目や凹んだ部分を注意深く覗くと、窪み周囲の輪郭は、整った線状を呈していた。加熱せず、仮に常温で力が加えられれば、その箇所には複雑に砕けた跡が残るはずなのだ。

私が本物の石器と信じていたのは、展示物の数点の資料の表面を見た際、規則性のある連続的な窪みと、気孔と思われる小さな孔が観察できたからである。形が変わるほど高温で焼かれていれば、一部の石材では、見かけよりも重くなる。手に取れば分かるが、その場ではできなかった。

現物に直面して感じたことは、報告書に書かれた偽石器の結論は、根拠の乏しい、説得力に欠けるものではないかということだ。刃の部分の角度問題や、石材の多い河原で石器が発見される問題なども含めてである。いずれにしても、ただ惜しまれるのは、直接現物を手に取って、詳しく調べられなかったことである。

以上は、私が研究の出発途上で影響を受けた、二つの事例である。その一つは、本物と信じられていた石器が、まさか

のねつ造物だった。そしてまたもう一つは、一度は人工物と思われたものが、関係分野の専門家らの調査によって、自然礫と判断されたものである。

　想像が支配する過去の研究は、裏付けをする証拠物や、幅広い関係知識が求められる学問である。
「なにごとも、やってみなければ分からない」
　その言葉が示すように、目標に向かって研究を進めることの大切さを、私は調査研究で学ぶことができた。

おわりに

　豊かな地層環境に恵まれ、私は研究ができた。

　自宅が下末吉台地に接する多摩丘陵の高台にあるため、横浜の中心ビル群がよく見える。市街地は、江戸時代に内海が埋め立てられたものだ。

　おそらく古人類が活躍していた当時は住みやすいところだっただろう。

　私がこの地域に古い石器が多いことを知ったのは、30年も前のことである。当時は、高速道路や学校など大型の開発計画が行われ、長らく封印され地中に眠っていた過去の歴史が姿を現そうとしていた。

　最初の石器発見は、何気なく立ち入った工事現場からの発見だった。その量的規模に驚き、休日には現場に足を運ぶ回数が増えていった。

　そのエネルギーは、誰も知らない過去の事実を世に伝えたいとの思いからだった。

　重機による工事は進捗が早く、さらには、同時に他の複数の場所でも進められていた。

　過去の人々が残した貴重な遺産をできるだけ多く集め、また記録を残すことを目標に、その後の研究につなげたかった。

　研究活動が軌道に乗ったのは、職を離れてからである。長い年月を要したが、描いていた目的は果たせたと感じている。

　ただ、今でも文中に述べた石器発見地層の年代が気になっ

ている。

　研究者の間では、多摩下部層は40万年前〜30万年前の地層として語られている。私は重なる地層から相対年代的には理解できるが、絶対年代の数的根拠が分からないのだ。

　だが隣国中国の北京原人は既に70万年前から活動をつづけ、40万年前にはナウマンゾウやツキノワグマ、ニホンザルなどの動物でさえも国内移動事実が報告されている。

　そして、私が発見した多摩下部層の人工物も本物なのだ。語られる絶対年代は正しいのだろうか。答えは今後の課題のようだ。

　偶然、過去の情報が詰まった地層上に住み、大規模な開発工事が手伝って、研究成果が得られた。恵まれた環境に礼を言いたい。

　最後に今回の刊行にあたっては、神奈川県考古学会、関東第四紀研究会、そして国立科学博物館の皆様には、考古学、地学そして人類学に関する情報の提供および指導を賜り、心から感謝申し上げます。

　また、個人的に情報を寄せていただいた皆様および編集、出版にご協力いただいた文芸社の皆様にも感謝申し上げます。

　2023年3月

　　　　　　　　　　　　　　　　　　　　　田代　昭夫

参考文献

『直立歩行進化への鍵』クレイグ・スタンフォード著
長野敬・林大訳　青土社
「横浜付近の第四系に関する諸問題（1）」
関東第四紀研究会　地球科学28巻5号
「横浜付近の第四系に関する諸問題（2）」
関東第四紀研究会　地球科学28巻6号
「関東地方南西部における中・上部更新統の地質」岡重文著
地学団体研究会
「横浜市地盤環境調査報告書」杉本実・井上友博著
横浜市環境科学研究所
「横浜市戸塚区上品濃遺跡群発掘調査報告書」
上品濃遺跡群発掘調査団　玉川文化財研究所
「那須疎水百年史」那須疎水百年史編さん委員会
那須疎水土地改良区
「大山記念館和館・洋館」栃木県立那須拓陽高等学校
「神奈川県大丸遺跡の研究」芹沢長介著　駿台史学第7号
駿台史学会
「神奈川県夏島における縄文文化初頭の貝塚」杉原壮介・芹沢長介著　明治大学文学部研究報告考古学第二冊　臨川書店
「加熱処理による石器製作―日本国内の事例と実験的研究―」
御堂島正著　考古学雑誌79-1
『すべてができる七輪陶芸』吉田明著　陶磁郎BOOKS
双葉社

『陶芸のための科学』素木洋一著　建設綜合資料社

『石ころの話』R・Vディートリック著

　　　　　　　　滝上由美・滝上豊訳　地人選書17　地人書館

『かわらの小石の図鑑　日本列島の生い立ちを考える』

　　　　　　　　千葉とき子・斎藤靖二著　東海大学出版会

「縄文時代の石材利用」柴田徹

　　　　　　　1991.10.5東京都埋蔵文化財センター講演会資料

「明石市西八木海岸の発掘調査」

　国立歴史民俗博物館研究報告第13集　国立歴史民俗博物館

『「明石原人」とは何であったか』春成秀爾著

　　　　　　　　　　NHKブックス715　日本放送出版協会

「日本にもワニはいた」田代昭夫投稿

　　　　　　ナショナルジオグラフィック日本版　2002年2月号

「横浜市戸塚区川上町における上倉田層および山王台ローム

層」横浜サブ団研グループ　関東の四紀20　関東第四紀研究会

「横浜西南部の港南層と中期更新世指標テフラ」町田洋

　　　　第四紀露頭集－日本のテフラKT-33　日本第四紀学会

「日本人女性骨盤の妊娠痕について」五十嵐由里子論文

　　　　　　　　　　人類學雑誌100：311－320

「縄文人の出生率の地域差について」五十嵐由里子論文

　　　　　　　　　　人類學雑誌100：321－330

『人口』小林和正著　人類学講座11　雄山閣

「縄文時代恥骨の形態と死亡年齢の推定」小林和正論文

　　　　　　　　　　人類學雑誌72：43－54

『立花隆、「旧石器発掘ねつ造」事件を追う』立花隆

朝日新聞社

「青森県金木砂礫層出土の偽石器」杉原壮介著

ミクロリス10　27-29

「彼らはいつ日本に来たのだろうか」小澤智生

　生き物の語る地球史　2006年1月12日第10回理学懇話会

著者プロフィール

田代 昭夫（たしろ あきお）

栃木県那須塩原市出身
中央大学法律学科卒業
東京都の社会福祉、消費生活、税務行政などに従事
現在、神奈川県考古学会、関東第四紀研究会、国立科学博物館友の会に所属

石ころの鍛冶屋さん 時と所を超えた石器たち

2023年5月15日　初版第1刷発行

著　者　田代 昭夫
発行者　瓜谷 綱延
発行所　株式会社文芸社
　　　　〒160-0022 東京都新宿区新宿1－10－1
　　　　　　　　　電話 03-5369-3060（代表）
　　　　　　　　　　　 03-5369-2299（販売）

印刷所　株式会社フクイン